De wereld om met autisme

Titel: De wereld om met autisme
Auteur: *zie lijst met Autiteurs*
Naar een idee van: Jeroen van Luiken-Bakker
Eerste publicatie: 2013
Oorspronkelijk gepubliceerd bij GigaBoek, Broek op Langedijk

Deze uitvoering: 2de druk 2018 - 1ste oplage 2018
Tekstredactie: Margreet de Roo voor Maneno tekstredactie
Uitgever: Uitgeverij IJmond
Uitgeverij IJmond is een imprint van Ahvô Braiths, Beverwijk

Omslag illustraties:
© 2013-2018: Voor: 'Trein in hem' — Neeltje Verbeek
© 2013-2018: Achter: 'Luna jumping by Little Luna' — Gaia van Basten

Gedrukt in Lexie, het lettertype voor dyslectici:
Lexie is ontwikkeld door Keith Bates (k-type.com) met de aanbevelingen van het British Dyslexia Association in gedachten. Daarmee is het speciaal voor mensen met dyslexie een prettig te lezen lettertype. Het lettertype is ons gratis ter beschikking gesteld. Waarvoor dank!

Autiteurs:

Gonnie Bakker-Luiken
Gaia van Basten
Jena Boer-Kerk
Leonie Bouwman
Ingwer Broekema
Simone Dijkhuizen
Floris Dox
Julia Eenhoorn
Josefien Harmsen
Stefanie Harmsen
Tycho Hoogstrate
Abe Ron K. Jeker
Suzanne van der Kaaij
René Job Krake
Lisse Lotte
Monique Luiken
Louis van der Maat
Paul Nelemans
Egbert Reijnen
Harry Schaap
Volcmar Suijs
Selena Swinkels
Neeltje Verbeek
Anouk de Wit
Yentl
Anoniem

naar een idee van

Jeroen van Luiken-Bakker

Verwarring - Monique Luiken

De wereld om met autisme

Nur: 401, 402, 740
ISBN: 978 9492 4690 38

Samenstelling en redactie:

Hanneke van Dijk,
Josefien Harmsen
en
Jeroen van Luiken-Bakker

Twitter: #dwomAutisme

Facebook: www.facebook.com/DeWereldOmMetAutisme

Uitgeverij
IJmond

Voor de wereld

Dank aan al die begeleiders die elke dag weer klaarstaan om ons autisten wegwijs te maken in de wereld. Jullie zijn een baken, de heremiet met de lantaarn in de storm die ons de weg wijst. Zonder jullie zouden wij genoodzaakt worden onze eigen staat uit te roepen om in te overleven.

Inhoud

Artwork

Voorwoord bij de 2de druk

Toen in 2013 de productie van het boek *De wereld om met autisme* werd gerealiseerd, had ik geen idee van de stroom aan reacties die het boek teweeg zou brengen. Prachtige, ontroerende en hartverwarmende reacties en daar ben ik dankbaar voor.

In autisme-land zijn er sinds het verschijnen van dit boekje in 2013 de nodige veranderingen geweest. Zo zijn alle diagnoses in relatie tot autisme (o.a. Asperger, PDD-NOS en klassiek autisme) in de diagnosehandleiding voor de psychiatrie, de DSM-V, samengevoegd tot een enkele diagnose: autismespectrumstoornis. Dat betekent dat sommige in dit boek benoemde termen in onbruik zullen raken. Toch schaadt dat niet de actualiteit van een boek als *De wereld om met autisme*. Het blijft immers belangrijk om bruggen van begrip te bouwen tussen mensen met en zonder autisme.

Het gebeurt nog aan te lopende band dat mensen met een beperking (al dan niet autisme) moeilijker aan een baan kunnen komen en als ze een baan hebben kost het veel meer moeite om die baan te behouden. Werkgevers en collega's kunnen vaak niet goed inschatten hoe om te gaan met iemand met autisme. Net zoals Job Krake in zijn 'Brief aan de wereld' spreek ik uit ervaring als ik zeg dat werkgevers gaan 'zelfdokteren'. Ze gaan bijvoorbeeld op internet zoeken naar oplossingen en manieren om hiermee om te gaan en accepteren niet de hulp die ze vanuit de werknemer, ggz, jobcoach of UWV wordt aangeboden. Hierdoor maken ze de problemen alleen maar groter, wat dan op termijn kan leiden tot een onwerkbare situatie waarop meestal ontslag volgt, gevolgd door een dip of depressie bij de persoon met ASS, die al die tijd op zijn tenen heeft moeten lopen om mee te kunnen komen. Hierdoor wordt het moeilijker voor hem/haar om weer aan een andere baan te komen en als dat wel lukt, begint bovendien dat hele circus weer van voren af aan. Het is mijn stellige overtuiging dat dit boek op een positieve manier helpt bij het wegnemen van die barrières en het doorbreken van die uitzichtloze cirkel. Kernwoorden daarbij zijn duidelijkheid, eerlijkheid, geduld, regelmaat en maatwerk. Mensen met een beperking en autisme in het bijzonder zijn tot grootse dingen in staat als ze in de juiste omstandigheden verkeren en de mogelijkheid krijgen om te doen waar ze goed in zijn.

'Er zijn evenzoveel vormen van autisme als mensen die het hebben,' zei ooit een begeleider tegen mij en hij heeft gelijk. Dat betekent ook dat er niet één oplossing is, maar vele en de kunst is de juiste oplossing te vinden. Ik hoop dat dit boekje een deel van die oplossing mag zijn.

Met vriendelijke groeten,
Jeroen van Luiken-Bakker

Schaut mich nicht an!
Ich bin kein Tier!
Nur ein Menschenkind — für euch ein fremdes Wesen — vielleicht

(Fassade -1. Satz- Lacrimosa)

Vertaling:

Kijk niet naar mij!
Ik ben geen dier!
Slechts een mensenkind — voor u een vreemd soort wezen — misschien

(Fassade -1. Satz- Lacrimosa)

Voorwoord

Toen ik in 2008 de diagnose syndroom van Asperger kreeg vielen de puzzelstukjes van 'me jarenlang van de wereld vervreemd voelen' ineens op hun plaats. Het heeft mij wel de nodige tijd gekost om te wennen aan de diagnose, ik was per slot van rekening al 27 jaar toen de diagnose eindelijk kwam. Ik had de grootste moeite om aan te geven waar mijn autisme begon en mijn persoonlijkheid eindigde. Dat was in die tijd erg belangrijk voor me, maar met het verstrijken van de tijd zou ik leren dat ze niet los van elkaar te zien zijn. Ik ben het autisme in mij zoals het autisme mij is in mijn persoonlijkheid.

Ik wist al vrij snel dat ik mijn ervaringen op papier wilde zitten en begon nog in hetzelfde jaar aan het schrijven van een boek over mijn eigen leven, getiteld *Een autismografie, in gesprek met mijn autisme*. Het boek is nog niet gepubliceerd, simpelweg omdat het nog niet klaar is. Omdat dit boek nu nog toekomstmuziek is, besloot ik tot een andere aanpak. Ik besloot niet alleen verhalen over mezelf te publiceren maar ook verhalen van en over anderen, een boekje voor de wereld, vooral de wereld van de niet-autisten, een boekje waarin de wereld van de autist(en) wordt verklaard.

Dat was het doel. En hoe beter dat te doen dan aan de hand van verhalen van ASS'ers zelf (ASS = autismespectrumstoornis). Dat viel nog niet mee, ASS'ers zijn vaak nogal huiverig voor het uit handen geven van hun werk, niet geheel onterecht.

Ik hoop dan ook dat ondanks de vele obstakels die overwonnen moesten worden om dit allemaal voor elkaar te krijgen, alle deelnemers tevreden zijn over wat er van hun bijdrage is geworden. Ik begrijp heel goed dat dit voor velen een enorme beslissing is geweest. Mede daarom zijn in vele (maar niet alle) verhalen de namen geanonimiseerd. Dank voor jullie vertrouwen. En ik hoop dat u, de lezer, er een nieuwe kijk op de wereld aan over zult houden.

Ik wens u een bijzondere ervaring met dit boek.

Jeroen van Luiken-Bakker

Respect ...

is een essentieel onderdeel van een samenleving. Samen leven kan immers niet zonder respect voor de ander, respect voor zijn gevoelens, zijn mogelijkheden, zijn mening, zijn beperkingen, zijn keuzes, zijn ...

Over autisme zijn heel veel boeken geschreven. Toch is het boek *De wereld om met autisme* anders. Het is een boek dat respect afdwingt. Dat doet het door zijn bijzondere inhoud. Een inhoud die is vormgegeven door mensen met en zonder autisme, door mensen van verschillende leeftijden met verschillende achtergronden en in verschillende vormen. De verhalen, gedichten en tekeningen hebben echter allemaal dezelfde bedoeling: respect vragen voor de ander die soms dingen anders beleeft of wat meer tijd nodig heeft om dingen te begrijpen. Respect voor *anders zijn* en ook *gewoon gewoon* willen zijn. *De wereld om met autisme* houdt de lezer een spiegel voor. Een spiegel die aanzet tot nadenken over wat respect écht is. Want alleen met respect kunnen mensen met autisme een plaats innemen in de samenleving die recht doet aan hun mogelijkheden en talenten. Een plaats waar zij recht op hebben.

Het Dr. Leo Kannerhuis ziet het als kennis- en behandelcentrum op het gebied van autisme als een belangrijke opdracht om een actieve bijdrage te leveren aan de emancipatie van mensen met autisme. En emancipatie begint met respect. Het Dr. Leo Kannerhuis is dan ook trots dat het een bijdrage mag leveren aan *De wereld om met autisme* en dat het is uitgekozen om te delen in de opbrengst van het boek.

Ik hoop van ganser harte dat veel mensen *De wereld om met autisme* zullen lezen en dat het bijdraagt aan respect en begrip voor mensen met autisme.

Egbert Reijnen
Voorzitter Raad van Bestuur Dr. Leo Kannerhuis

Stichting Voorzet Vakantie en Vrije Tijd

Enige tijd geleden zijn wij als Stichting Voorzet Vakantie en Vrije Tijd door Jeroen benaderd, omdat hij onze stichting graag wilde steunen door het uitbrengen van een bijzonder boek, waarvan dan een deel van de royalty's naar onze stichting zouden gaan.

Uiteraard waren wij direct erg enthousiast en we willen hier dan ook graag iets meer over onze stichting vertellen.

De Stichting Voorzet Vakantie en Vrije Tijd (St. VVVT) is in juni 2009 opgericht. De initiatiefnemers van de stichting begeleiden mensen met een stoornis binnen het autismespectrum. Deze begeleiding vond plaats op de werkplek en bij de mensen in de thuissituatie. Wat hun erg opviel was dat veel mensen met een autismespectrumstoornis ook veel problemen ondervonden met het invullen van hun vrije tijd en het onderhouden van sociale contacten. Dit stond aan de basis van het ontstaan van St. VVVT.

De stichting draait volledig op vrijwilligers en wordt gefinancierd uit pgb en sponsoring. Wij zijn actief in de regio's Haarlem, Amsterdam, Heerhugowaard, Den Haag en Boxtel.

Wij hebben twee aandachtsgebieden: vakantie en vrijetijdsbesteding.

Wij organiseren regelmatig vakanties naar verschillende bestemmingen. De laatste waren naar het Sauerland en London. Wij stemmen het programma volledig af op de behoeftes van de deelnemers. Het is voor veel mensen met autisme lastig om zelf een vakantie te regelen. Waar ga ik naartoe? Wat past bij mij? Hoe regel ik het? Wat kan ik er verwachten? Met wie ga ik? Dit zijn allemaal vragen waar soms lastig een antwoord op komt. Wij vinden het belangrijk om al deze drempels zo veel als mogelijk weg te nemen en de deelnemers hierin te begeleiden, zodat ze een leuke en ontspannen periode bij ons zullen hebben. Er gaan altijd een aantal professionele begeleiders mee die goed bekend zijn met de doelgroep. Je kunt bij ons dus toch zelfstandig vakantie vieren, maar je bent niet echt alleen.

Daarnaast organiseren wij door het jaar heen vele activiteiten op het gebied van vrijetijdsbesteding. Voorbeelden hiervan zijn: bowlen, schaatsen, kookcursussen, fietstochten, een kerstbrunch et cetera. Ook hier zijn onze doelen hetzelfde. We willen op een laagdrempelige manier mensen met autisme de mogelijkheid bieden om lotgenoten te ontmoeten, nieuwe vrienden te maken en hun sociale contacten te verbreden. Maar vooral moet het gewoon leuk en gezellig zijn. Voor de deelname aan deze activiteiten betalen de deelnemers zelf de normaal gebruikelijke kosten van de activiteit. De begeleidingskosten worden uit pgb betaald en als mensen geen pgb hebben, dan worden deze kosten door de stichting gedragen, zodat iedereen uit onze doelgroep mee kan doen.

Voor deze ondersteuning hebben wij gelden nodig, die veelal uit sponsoring worden verkregen. We willen Jeroen dan ook heel erg bedanken voor zijn initiatief om zo een bijzonder boek uit te geven.

Wil je meer van ons lezen? Kijk op onze website: http://www.stvvvt.com

Charles van der Lugt
Stichting Voorzet Vakantie en Vrije Tijd

'Wat de boer niet kent dat eet hij niet.'

Wat kent de boer dan?

Hoop

Angst van anderen bracht mij niet hier, ik kwam alleen, als mezelf
Gewoon een idee in een lange aaneenschakeling van ontdekkingen
Omgeven door dezelfde ... jij ...

Soms trekt jouw getijde me naar zee
En sterf ik in een vloedgolf der vervloeking
Soms zijn we vriendelijk
Meer zo, ik draal

Zo ver op het strand dat zij die trachten het te bereiken
levend verbranden in de furieuze hitte in de woestijn van mijn dispassie
Zo ver verwijderd ... ik hoor nooit 't water
Behoudens, wellicht, als ik zo nu en dan een spiegel zie

En ik weiger te geloven in sommige dingen
waarvan men zegt dat ze hier zijn
laat staan in hen die er niet zijn.
Ik probeer van richting te veranderen, de onze is nietig
in mijn eigen kleine estimatie

Ik hou van de planeet
De grote genegen wolfsvrouw
Benevolente
Geleidelijk spinnend, al maar door naar de Rode Reus
met nog aeons te gaan
wanneer al de roostuinen zijn opgebrand in het vagevuur des tijds

Als ze dan nog leefde zou ze het prachtig vinden

Tekst uit 'Hope' van Anathema (Album: Eternity)
Gebaseerd op 'Hope' van David Gilmour, Roy Harper & Jimmy Page
Vertaling en interpretatie door *Jeroen van Luiken-Bakker*

Hallo Aarde ... (1)

Tycho Hoogstrate

Zo daar zit ik dan, het is officieel: ik ben een Asperger, aspie, ASS of wat voor andere benamingen ervoor bedacht zijn. Persoonlijk krijg ik er een beetje het 'Rivella-gevoel' van: 'Een beetje anders maar wel lekker!' Niet dat ik het een lekker drankje vind, ik vind het ronduit smerig, en zo was ook mijn eerste gevoel over het anders zijn, het zijn van een autist. Het is dus hopeloos, dacht ik, ik ben niet te veranderen, het zit in mijn genen, je brein heeft een andere bedrading dan dat van 'normale' mensen.

De grapjes die we thuis altijd al maakten in de trant van: 'Je bent erfelijk belast' als ik weer eens worstelde en stuntelde met mijn sociale vaardigheden. Die opmerkingen bleken op een wrange manier realiteit te zijn geworden. Maar op een of andere manier is iedereen natuurlijk erfelijk belast, jullie ook! Erfelijk belast met een pittig gevalletje van *neurotypical* zijn, dat lijkt mij ook best erg!

Nu is dat zwart-witdenken natuurlijk mijn handelsmerk. Je bent of gek of niet, je bent autist of niet, er bestaat niet zoiets als een beetje autist. Fout natuurlijk. Dit was de eerste hobbel die ik moest nemen na mijn definitieve diagnose, nu alweer anderhalf jaar geleden. Waar ergens bevind ik mij op de glijdende schaal van gemiddeld naar anders? Welke kenmerken zijn nu wel op mij van toepassing en welke niet? Heb ik het nu erg of valt het wel mee?

Ik kan u vertellen dat het gevoel na de diagnose bij mij nogal tegenstrijdig was. Aan de ene kant geeft het rust als je het beest een naampje kan geven. Het gevoel dat het steeds maar falen niet ligt aan hoeveel moeite je doet of hoe erg je je best doet, is een bevrijding. Ik kan niet anders, kijk maar, zo heet het en er is geen medicijn, dus accepteer mij nu maar zoals ik ben, ik kan niet anders. Dat gevoel was voor mij een bevrijding van het juk van de maatschappij.

Maar ... aan de andere kant blijkt ook dat ik al veertig jaar heb geprobeerd normaal gedrag te vertonen, met zeer wisselend succes kan ik stellen, allemaal omdat ik eigenlijk niet anders wil zijn. Ik wil gewoon passen in de maatschappij, gewoon zonder gedoe. Die moeite en die wens moest ik laten varen en in plaats van mijzelf te plaatsen in het vakje van de normalen moest ik mij ergens gaan plaatsen in het vak van de anderen. En dat is zoiets als het thuiskomen van een geadopteerd kind bij zijn biologische ouders! Wat ik nodig had was feiten en inzicht. En zo ontstond iets waar ik allang bekend mee was, een alles verslindende focus op een nieuw onderwerp. Een kennishonger die pas tot rust komt op een onbepaald verzadigingsmoment – weken, maanden, jaren kan het duren.

Ik werd ineens een goede klant van Bol.com en kocht me arm aan boeken, maar ontdekte zo wel de geneugten van het internetshoppen. Internetshoppen is een uitkomst voor mensen zoals ik die niet graag een winkel inlopen en tijdens de verwerking van de overprikkeling ook nog eens een keuze moeten maken. Sinds kort loop ik er dan ook weer hip en trendy bij, want eindelijk kan ik gewoon kleren kopen op mijn manier.

Op het internet vond ik ook nog een leuk forum, www.aspergersyndroom.nl, waar ik veel gelezen heb en in mindere mate aan discussies meedeed. Echt blij werd ik van dat forum niet. Het leek wel alsof Asperger zijn alleen maar meer problemen oplevert. Hopeloze gevallen zijn het die wel willen, maar toch steeds aan het kortste eindje trekken. Relaties met zulke mensen, laat staan intieme, zijn niet te doen. Hetgeen aardig leek te kloppen want in diezelfde periode stopte mijn relatie na bijna veertien jaar met bestaan! Dat forum was als een soort verboden vrucht, ik werd er eigenlijk alleen maar hopelozer van, maar tegelijk bleef ik terugkomen.

Terug naar die boeken en de kennishonger. Er is iets met boeken en het geschreven woord. Wat geschreven staat moet wel waar zijn! De boeken van, voor en door Aspergers was ook al iets waar ik niet vrolijker van werd. Vooral de boeken die door niet-Aspergers zijn geschreven vond ik zo hard en veroordelend in de uitzichtloosheid. Zwart-witdenken is gelukkig niet alleen voorbehouden aan de autist, ook de wetenschapper en de onderzoeker hebben er moeite mee als ze een indeling, in wat dan ook, moeten maken. Dit lijkt mij onontkoombaar zodra je onderscheid begint te maken en scheidslijnen trekt. Het duurde een flinke tijd voordat ik pas goed besefte dat die boeken en het forum niet over mij persoonlijk gingen. Het ging over andere mensen en ieder met zijn eigen verhaal. Dit klinkt nu zo logisch, maar als je oude zelfbeeld is afgebroken en je in je nakie staat, ontdaan van alles wat je vertrouwd leek, en je bent ook een scenariodenker, dan is het moeilijk om het onderscheid te zien. Asperger zijn is zus en zo. Pas later kwam voor mij mogelijkheid om voor mijzelf uit te maken welke onderdelen van het autisme zich in mijzelf manifesteren. En wat blijkt, er is goed mee te leven. Hallo Aarde, hier is Tycho!

'Aan de voet van de berg.'

Kan een berg lopen dan?

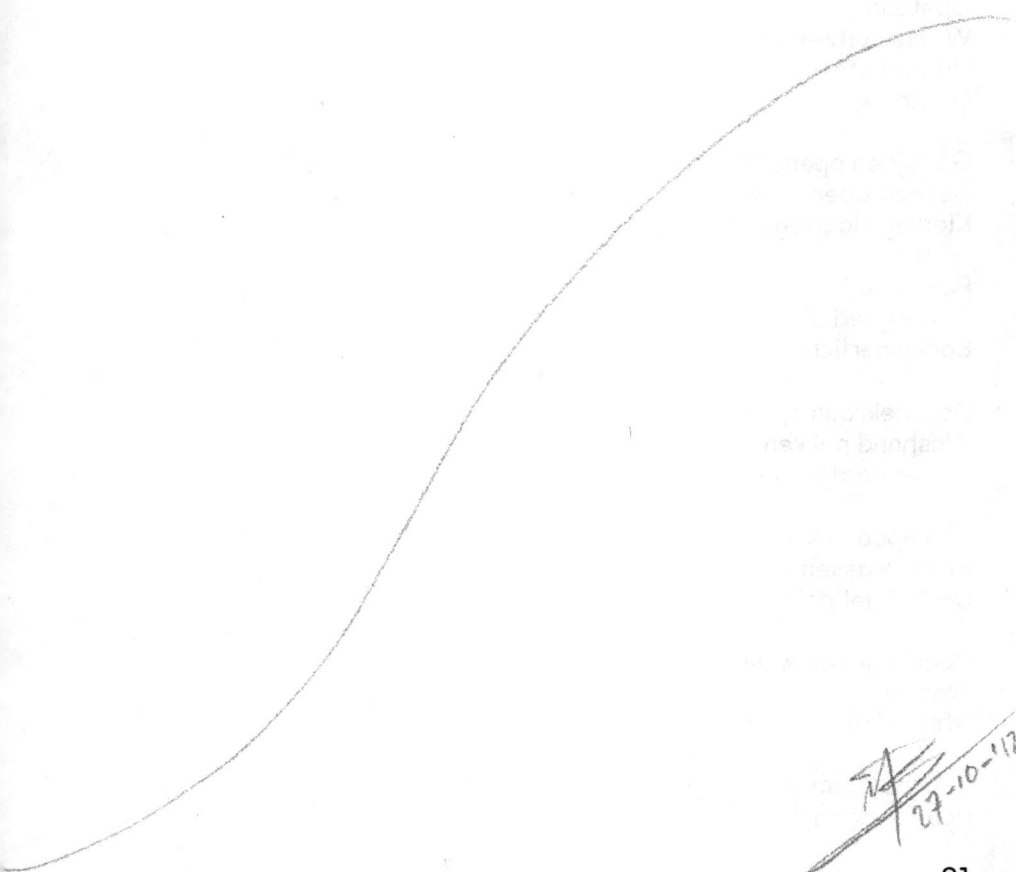

27-10-'12

Ochtendprogramma

Julia Eenhoorn, heeft PDD-NOS

Mijn dagelijks leven behoeft:

- Structuur
- Regelmaat
- Duidelijkheid
- Voorspelbaarheid

Voorbeeld ochtendritueel:

7:00

Opstaan
Wekker uitzetten
Uit bed stappen
Uitstrekken

Gordijnen opendoen
Dekbed openvouwen
Kleding klaarleggen

Pyjama uit
Ondergoed uit
Badkamerlicht aandoen

Douchekraan opendoen
Washand pakken
Onder de douche stappen

Shampoo pakken
Haren wassen
Douchegel pakken

Douchegel op washand doen
Wassen
Afspoelen

Douchekraan dichtdraaien
Handdoek pakken

Afdrogen
Haren drogen
Ondergoed aandoen
Trui aandoen

Spijkerbroek aandoen
Riem vastmaken
Sokken aandoen

Tandenpoetsen
Haren kammen
Badkamer droog maken

Handdoek ophangen
Gordijntje opendoen
Badkamerlicht uitdoen

7:30

Naar beneden
Krant pakken
Op ontbijtschema kijken

Ontbijt pakken
Naar tafel brengen

Handen wassen
Ontbijten
Krant lezen

8:00

Bord + beker in vaatwasser
Lunchpakket pakken

Hal:
Tas pakken
Lunchpakket in tas

Schoenen aantrekken

Toilet
Handen wassen
Jas pakken

8:30

Huissleutel pakken
Van huis
Fiets pakken
Achterdeur dichtdraaien!
Op de fiets

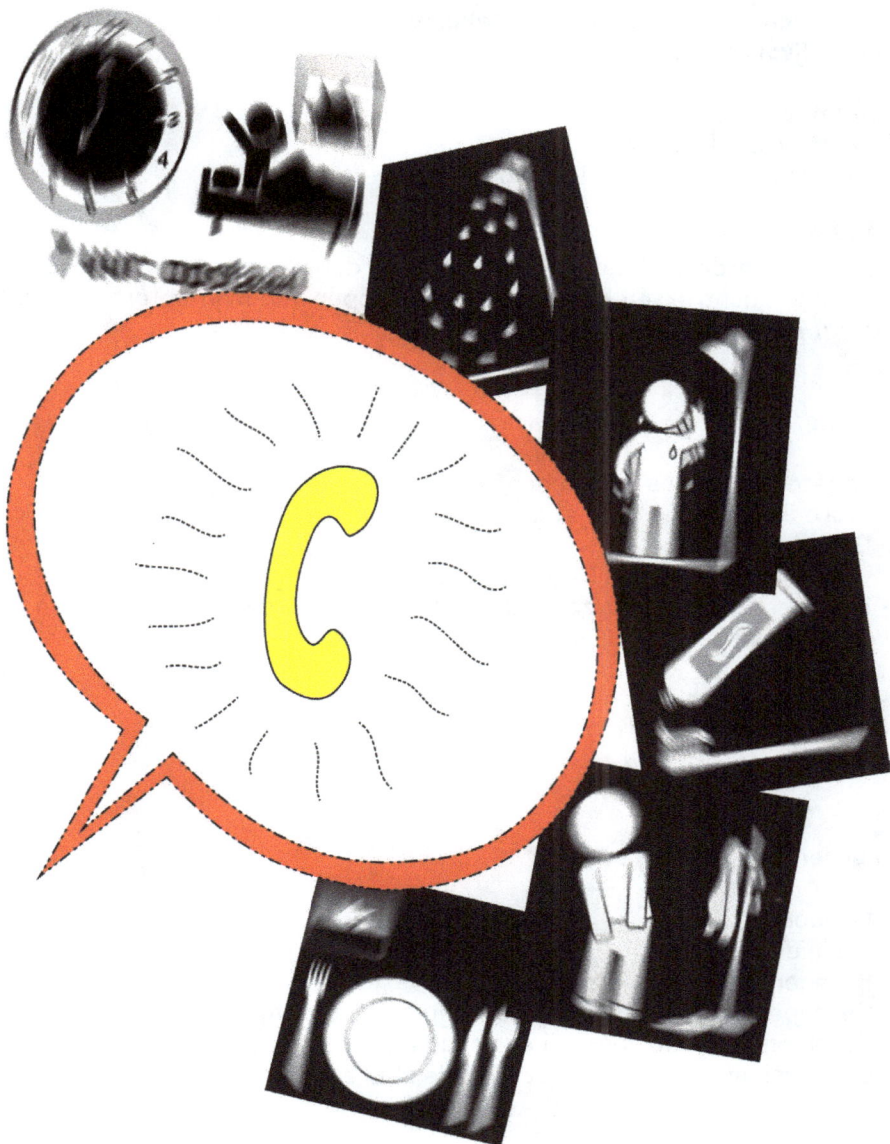

Telefoonillustratie
door
Monique Luiken

Als structuur, regelmaat of duidelijkheid verstoord wordt of ontbreekt door bijvoorbeeld:

- Telefoon
- Onverwacht bezoek
- Spontaan voorstel van iemand anders
- Ik iets niet kan vinden
- Het anders loopt
- Als er meerdere dingen tegelijkertijd worden verwacht van mij, zoals: Schoenen aantrekken en tegelijkertijd happen van mijn boterham nemen omdat ik op moet schieten.

Gevolg

- Ontstaat er chaos in mijn hoofd
- Word ik gespannen, angstig
- Dan blokkeer ik

- Nog meer moeite met zelf schakelen[1] of geen schakelingen kunnen maken uit mezelf.

- Vergeet ik dingen
- Gaat alles trager
- Raak ik overprikkeld

Mensen zijn voor mij soms:

- Onvoorspelbaar
- Onduidelijk
- Brengen prikkels met zich mee
- Begrijpen me niet altijd en ik begrijp hen niet altijd
- Tonen emoties die voor mij een raadsel zijn
- Communiceren op veel verschillende manieren, non-verbaal, verbaal

---

1 schakelen = bijvoorbeeld van aankleden naar sokken aandoen.

Moeite met:

- Communiceren
- Sociale interactie
- Verbeelding

Hoe zien mensen mij?

- Denken dat ik niet sociaal ben
- Snappen niet waarom er soms chaos in mijn hoofd ontstaat
- Staan er soms van te kijken als ik overprikkeld raak
- Vinden het asociaal dat ik me vaak afzonder van de rest, nooit met mensen een praatje maak, nauwelijks vraag naar hun interesses en hun gevoelens niet altijd begrijp (Bijvoorbeeld als zij boos zijn, dan vind ik dat grappig, terwijl ik dan niet snap dat zij boos zijn)

Hoe kunnen mensen mij helpen in het dagelijks leven?

- Door zich soms even in mij in te leven zodat ze even erbij stilstaan dat sociale situaties voor mij een hele opgave zijn en dat prikkels heel hard bij mij binnen komen.

- Geduld hebben (Stel eerst één vraag, laat mij dan rustig de tijd nemen om te denken en antwoord te geven en stel dan de andere vraag).

- Wees duidelijk. Zeg wat je van me verwacht.
- Leg uit wat je voelt en waarom. (Emoties herkennen is voor mij een heel lastige opgave.)

- Zeg duidelijk wat er gaat komen zodat ik ruim genoeg de tijd heb om me erop in te stellen, me erop voor te bereiden en om chaos in mijn hoofd te voorkomen.

Jij en ik

Je slaat om je heen
en bent erg wild
wat moet ik met jou
als jij zo gilt

Ik stuur je naar bed
dus ik win het spel
toch ben ik de verliezer
want, begrijp ik je wel

Weten we van elkaar
wat we toch bedoelen
we zijn beiden boos
wie zal zich rotter voelen

Ik kijk om het hoekje
je bent nu bedaard
het is alweer goed
als jij me onschuldig aanstaart

Jij kunt niet anders
dat weet ik heus wel
maar, doe ik het goed
waarom erger ik me zo snel

Lees jij mijn twijfels
bijzonder kind
als je ineens zegt
hoe lief je mij vindt

Stefanie Harmsen,
moeder van een bijzonder kind met ASS

'Ach mens... loop naar de maan!'

Dat kan helemaal niet.

Luna jumping by Little Luna
door
Gaia van Basten

De wereld in HO (1:87) volgens Asperger

Harry Schaap

Het theaterseizoen is weer begonnen. De impresariaten sturen hun publicatiemateriaal op om hun artiesten te promoten. Was het in juli en augustus rustig in het theater, nu, begin september, komt een lawine van informatie op het theater af.

Op mij rust de taak deze informatiestroom in goede banen te leiden. In het begin lukt dat nog wel. Maar het aangeleverde materiaal wordt meer en meer en mijn overzicht op het aangeboden materiaal wordt, zoals het de wet van communicerende vaten betaamt, minder en minder.

Ach, en ik had nog wel zulke mooie systemen in gedachten, maar helaas, de werkelijkheid laat zich niet in systemen persen. Bij mij neemt de onvrede toe: omdat ik het overzicht kwijt ben, slaat de paniek toe en doe ik steeds vreemdere dingen. Zo loop ik met een glas water naar de vuilnisbak omdat ik weet dat ik iets weg moet gooien, maar wat ook alweer? Waarom hangt er een handdoek op de kapstok?

Ik zoek mijn toevlucht in de treinbaan, die twee derde van de slaapkamer in beslag neemt. Geeft dat rust? Dat ligt eraan. Zo wil ik verlichting aanbrengen en dat betekent geklooi met bedrading. Ik stel enigszins cynisch vast dat het allemaal mooi parallel loopt: bij mij een draadje los, dan ook bij de treinbaan een draadje los.

Al peinzend, piekerend en mopperend krijgt de treinbaan steeds meer 'gezicht'. De spoorwegovergang is gemonteerd, de brug (zelf gemaakt; ik ben zelfs een beetje ingenieur!) over de spoorlijn is van verlichting voorzien. Deze wereld, schaal HO (half nul, 1 op 87) kan ik nog een beetje naar mijn hand zetten. De heer Benito Mussolini kijkt vanuit de hemel tevreden neer omdat de treinen op tijd rijden.

Met een glas bier in de hand kijk ik naar de voortsnellende trein. Ik ben in gedachten. Ik ben meester in de rechten, maar het werk dat ik doe ligt onder dat niveau. Mijn recente ervaringen bij het theater geven antwoord op de vraag waarom ik onder mijn niveau werk: ik kan niet tegen stress.

Het intellect is er, maar daar heb ik eigenlijk niets aan als ik het gevoel heb geen invloed uit te oefenen op mijn omstandigheden. Ik gebruik mijn hersens om greep te krijgen op de wereld om mij heen en op het heelal in mijzelf. Dat betekent dat ik altijd laat naar bed ga, want onderzoek en zelfonderzoek vergen tijd. En de harde schijf moet weer schoon zijn voor de opslag van al of niet tegenstrijdige informatie van de komende dag.

In materieel opzicht heb ik niets te klagen, maar in emotioneel en psychisch perspectief bezien vind ik het bestaan (d.w.z. geen leven) een worsteling.

Daar hang je dan ...

Fragmenten uit: *Een autismografie – in gesprek met mijn autisme*
Jeroen van Luiken-Bakker

'Rip off this lace, that keeps me imprisoned'
By Nightwish from 'Nymphomaniac Fantasia'

Nou, daar hang je dan, althans dat denk je. Je hele leven vliegt aan je voorbij in een korte flits, nou ja korte flits, in een korte flits had je pijn aan je voeten en aan je kont. Enfin, daar ging het niet over. Waar ging het dan wel over, o ja, het ging wel over pijn. Pijn waarover je niemand kan vertellen en waar niemand ook maar iets van begrijpt, want niemand begrijpt je toch ...? Of niet? Ach, wat maakt het ook uit, er is niemand die het wil begrijpen. Wat maakt het nu uit dat jij pijn hebt, de pijn van een ander is toch belangrijker, o ja, het was geen pijn, het deed mij pijn, de ander werd er zielsgelukkig van of was dat nu net het probleem en hadden we allebei pijn?

Ach, wat maakt jou dat nou uit, je eigen pijn is toch veel belangrijker?
O ja, maar heb jij nu pijn omdat de ander pijn heeft en dat verdringt met jouw pijn? Of verdring jij je pijn door de pijn van de ander te verdringen door je zelf pijn te laten doen? Ach, het maakt niet uit, of juist wel, anders hang je hier niet, of was het nou hing je hier niet, want je hebt pijn aan je voeten en je zitvlak. Zal ik jou nu eens vertellen waarom je pijn hebt aan je zitvlak? Nou, zal ik dat doen? Nee? Dan blijf je maar hangen waar je zit. Ach, kom op nou, ik wil het je zo graag vertellen. Het maakt niet uit, doe ik jou een beetje pijn om mijn pijn te verdrijven, of verdrijf ik dan jouw pijn door mijn pijn te verdrijven?

Ach, hoe het ook zij, je bent nu zestien jaar en goed op weg om zeventien jaar te worden, tenminste als je niet blijft hangen waar je nu eigenlijk zit, of is dat zit waar je nu eigenlijk hangt? Dat verschil is ook eigenlijk maar een paar honderdsten van een seconde.

Ik ga je eerst vertellen waar je bent, want dat schijn je ook nog niet te beseffen. Je hebt jezelf zojuist in het trapgat van je slaapkamer gehangen, alleen heeft de spijl het begeven en nu zit je versuft onderaan de trap. De trap die van de overloop van de eerste verdieping van je ouderlijk huis leidde naar de zolder waar jouw slaapkamer is. De trap ging recht omhoog en maakte bovenaan een scherpe bocht naar links en dan kwam je op de voorzolder. Daar staat dan de wasdroger en is het gat naar je slaapkamer. Om het gat van de trap staat een houten hekwerk met houten spijlen.

Je was teleurgesteld in alles en iedereen en in het bijzonder in het leven thuis en zag er geen heil meer in, je liep direct naar je slaapkamer, waar je de turkooizen badjas uit de kast griste en de ceintuur om je nek knoopte en vervolgens het andere uiteinde aan een van de spijlen waar je net aan bij kon komen als je op je tenen ging staan halverwege de trap.

Je stond te beven van angst, je hele leven vloog aan je voorbij, miljoenen gedachten schoten er door je hoofd. Je deed een stap naar voren maar je bleef met één voet staan, de angst hield je tegen. Je besloot even diep adem te halen en je maakte een kleine niet al te krachtige sprong in het diepe onbekende, wat voor de gewone mens zich laat verwoorden als de dood.

Nog voor je goed en wel in de gaten had wat er precies gebeurde had je een vreselijke pijn aan je zitvlak en je hoorde als een soort echo *krak*. Je dacht, dit is het einde, wat nu, wat gaat er komen? Het ging ook allemaal zo snel, je had je voorgenomen om het leven te verlaten, om jezelf en anderen een heleboel ellende te besparen en de wereld te verlaten om een nieuw en beter leven in het hiernamaals te beginnen, tenminste als er al eentje zou zijn.

Ach, en wat maakte het jou uit of dat nu of over dertig jaar zou zijn. Die wetenschap zou je de kop niet kosten, werd je gestraft omdat je zelf uit het leven zou stappen dan kon het niet erger dan het nu al was. En was er geen straf dan was het leven tenminste net zo erg als dit leven en misschien wel beter en als er niets zou zijn was er ook niets om bang voor te zijn. En als je van het ergste uitgaat, dan valt het toch altijd wel mee. Wat zeg je, waarom je hier hebt gehangen? Wil je het echt weten? Ach, wat maakt het uit. Ik vertel het je wel. Maar waar zal ik beginnen, op school, of op de dag van de verhuizing? Ach nee, we beginnen gewoon bij het begin.

Het is 30 mei 1981 als je vader en moeder naar het ziekenhuis gaan om zich voor te bereiden op de komst van hun kindje. Ze weten nog niet dat jij het bent, ach, natuurlijk wel dat jij het bent, maar nog niet wie jij bent of wat je zal worden. Het is na Sesamstraat maar voor het Achtuurjournaal eerdat je jouw koppie om de hoek steekt en deze wereld verblijdt met je komst. Hoera, een jongetje. Jeroen noemen je ouders je, wat dat ook mag betekenen.

Alhoewel, nu je zestien bent weet je dat inmiddels wel, maar het zal nooit treffender zijn dan de kaart die je van oma Luiken krijgt op een van je vele verjaardagen. Hieronimus – of was dat nu net met een G? Die eerste jonge jaren verlopen prima. (...)

44

Moet je jezelf toch eens zien zitten, huilend onderaan de trap met het koord van je badjas om je nek en een gebroken spijl naast je op de vloer. Weet jij eigenlijk wel hoelang je ermee bezig bent geweest om hiertoe te komen? Wat je ideeën waren en wat je wilde voor de mensen waar je van hield?

Wist je trouwens dat je de mensen die je helemaal niet kende ook niet wilde opzadelen met de oplossing voor je probleem? Weet je nog, die dag dat je bijna een uur langs het spoor hebt gezeten? Op je knieën, je was er speciaal voor omgereden zodat je in het weiland zou komen en maar weinig mensen het zouden zien, maar je vond het zielig voor de machinist van de trein. Wat nou zielig, hij maakte zich toch ook niet druk om jouw problemen, waarom zou jij je dan druk maken om zijn problemen? Ach, zwakkeling die je was.

Maar eerlijk is eerlijk, je legde je hoofd lang genoeg op de rails om de trein te voelen naderen. Je trok op het laatste moment je hoofd weg, omdat je het wel erg zielig vond voor de machinist, of was je toch doodsbang voor het hiernamaals? Dat moet je zelf maar eens uitzoeken, dat ga ik je niet vertellen. Ik ga je wel vertellen wat je precies hebt opgeschreven, je was pienter genoeg om toch een soort van testament te maken.

Tegen de tijd dat iemand dit
vind is waarschijnlijk al te laat.

Ik pleeg zelfmoord, want het leven
heeft voor mij geen zin meer.
Soozie tegen over iedereen.
Alles wat "ik" wilde kan? kon niet,
dus heeft het geen nut om nog te
leven.

Laat eerst mijn familie dit weten,
vrienden en kennissen, en dan pas school.
Ook mijn groep y1g moet het weten,
maar vooral mijn oude genoten uit vorig jaar
klas 3.6 menten MVR. Barewijk en MR. Koopman.

Mijn spullen; geef voor aan wie ze wil.

Ik wil een begravenis met mijn Soozie,
dit is mijn knuffel hond.
Verzorg Piet ook goed, dis is mijn
vogel.

Life long and prosper.

HUUBF
Bos. B.
Regina

Door: jewei Bakker   P.M.
Datum: 7-12-199 7 / 11-17-4 3 uur
geboren: 30-5-1981.
       te: Ymuiden / zeewegziekenhuis.

Soorie voor alle moeilijkheden
en zovoort. Bakker en Jewei

Je schreef: (incl. spelfouten)

Tegen de tijd dat iemand dit vind is waarschijnlijk al te laat.

Ik pleeg zelfmoord, want het leven heeft voor mij geen zin meer.
Sorrie tegen over iedereen.
Alles wast 'ik' wilde kan/kon niet, dus heeft het geen nut om nog te leven.

Laat eerst mijn fammilie dit weten, vrienden en (Huub, Bas B en Regina)
kennissen, en dan pas school.
Ook mijn groep 4.9 moet het weten, maar vooral mijn oude genoten uit
vorig jaar klas 3.6 mentor Mvr. Barewijk en Mr. Koopman.

Mijn spullen; geef maar aan wie ze wil.
Ik wil een begravenis met mijn Snoopie, dit is mijn knuffelhond.
Verzorg Piet ook goed, dis mijn vogel.

Life long and prospor.

Door: Jeroen van Luiken-Bakker
Datum: 07-12-1997/11-17-4 3uur PM
Geboren: 30-05-1981
Te: IJmuiden / Zeewegziekenhuis

Sorrie voor alle moeilijkheden enzovoort.

Paraaf en handtekening

Doet dat je niks, ik bedoel die tekst nu je het terughoort? Nee, dat is jammer, maar ach, het leed is nog te vers, dat komt nog wel, althans dat hoop ik dan maar. Wat de aanleiding was? Weet je dat dan niet? Ik dacht dat ik je dat niet hoefde te vertellen? Maakt niet uit, ik heb tijd genoeg, maar jij, jij moet de troep nog opruimen voor je ouders thuiskomen! O ja, deze flashback duurt natuurlijk slechts enkele seconden, dus je zult wel op tijd zijn. De afgelopen jaren droeg je nog meer mee wat je eigenlijk al vele jaren eerder met je meedroeg. Toen je om overplaatsing vroeg naar een nieuwe klas waar je helemaal opnieuw kon beginnen werd je dat afgeraden omdat je dan helemaal opnieuw moest beginnen. Zie je het verschil tussen kon beginnen en moest beginnen? Jij wilde graag na alles wat je was overkomen opnieuw beginnen, maar de school vond dat een slecht idee, immers onbekend maakt onbemind, en in de optiek van de school ook nog eens onzeker, onnoodzakelijk en moeilijk tegenover jezelf. Achteraf had de school denk ik ongelijk en had je echt in een nieuwe groep moeten beginnen. Met een schone lei. Helaas, het liep allemaal anders. Ik kan je nu niets meer vertellen, je moet opschieten met opruimen van de rommel, pap en mam mogen je zo niet vinden. En vertel dit aan niemand en berg ook je testament goed op, anders vinden ze het straks nog.

Toelichting:
De reden dat ik tot een dergelijke maatregel overging was dat ik geen enkele uitweg meer zag, op welke manier dan ook. Ik was zo vervreemd van de wereld door allerhande pesterijen en tegenslagen. Het ergste waren de pesterijen op school, zowel op het toenmalige (I)vbo als in voorgaande jaren op het lom-basisonderwijs. Veel van mijn toenmalige klasgenoten gingen mee van de basisschool naar het voortgezet onderwijs. In beide gevallen stonden de docenten machteloos tegenover de situatie. Het enige wat ze hadden kunnen doen was overplaatsing naar een andere klas maar dat vonden de scholen een te zwaar middel, met alle gevolgen van dien. Het pesten was niet sporadisch, het was een dagelijkse gruwel waarbij ik op diverse manieren werd vernederd, of het nu spugen onder de douche na de gymles was of in mijn edele delen getrapt op het speelplein; dagelijks kwam ik met meer blauwe plekken thuis dan ik wegging. Ook geestelijk werd mij de nodige vernedering aangedaan door verbale beledigingen die ik hier niet ga herhalen. Ook materieel moest eraan geloven, menig broodtrommel heeft het niet gehaald.

Jeroen van Luiken-Bakker, heeft syndroom van Asperger

Gebrugd

1.
Kom naar mij
Kom snel naar mij
Ik ben niet eng
Alleen mijn hoofd is niet van
samen

Is van samen niet gebouwd

Kom naar mij
jij uitgekeken naar
ik ingeburgerd hier
Bouw de brug
die ons kan houden
Mijn hoofd is van samen
niet gebouwd

Brug het gat dat ons zal binden
Bind de brug heel stevig vast
Kom naar mij
En ik zal delen
Kom naar mij

2.
Fladder mijn veren
schik mijn dagen
leg alle spullen op een rij
Maak mijn sommen
stel mijn vragen
Bouw die brug, die brug naar mij

3.
Wat niet is kan altijd groeien
waar mijn hart was
daar was jij,

Hoewel mijn hoofd niet is van
samen
Ben ik blij
met jou naast mij.

4.
Fladder mijn veren
schik mijn dagen
Bind de brug heel stevig vast

Kom maar hier en
Kom maar samen
Ik dicht het waar het open was

Leonie Bouwman

Leonie Bouwman werd in 2008 genomineerd voor de Jan Boer Poëzieprijs
en heeft twee dichtbundels op haar naam staan. Leonie heeft de diagnose
klassiek autisme.

Monique Luiken, kunstenares, had in 2012-2013 een expositie in Japan (*Light It Up Blue Art Exhibition*) voor de Verenigde Naties. Draagt autisme een begripvol hart toe.

www.dessindestin.art

Scène in groep 3 van de basisschool

Abe Ron K. Jeker, asperge

Juf: Één plus één is twee (1 + 1 = 2).
Ik: O, is dat zo!
Juf: Ja, dat is zo.
Ik: Waarom?
Juf: Euh? Omdat het zo is.
Ik: O, dat geloof ik niet. Ik zeg 1 + 1 = 4! En dat is zo.
Juf: Nee, 1 + 1 = 2.
Ik: Waarom?
Juf: Omdat als ik één snoepje heb en daar één snoepje bij doe, ik twee snoepjes heb.
Ik: En met taart dan, juf?
Juf: Ja, als ik één taart heb en ik doe daar nog één taart bij, dan heb ik twee taarten.
Ik: En met een fiets dan, juf?
Juf: Ja, ook met een fiets, als ik één fiets heb en ik zet daar een andere fiets bij, dan heb ik twee fietsen.
Juf: En ook met potloden en alle andere dingen die er zijn. Je hebt er één en je doet er nog één bij, dan heb je er twee en daarom is één plus één twee.
Ik: O, dan snap ik het.

Het lange zoeken naar een leven

Het lange zoeken naar een leven,
De lange zoektocht, nooit voorbij,
Het nooit kunnen vinden van een toekomst,
Het is soms iets te veel voor mij.

Moeizaam is het, maar toch veel waard,
Dagen lang zal ik streven,
Alles blijft een open kaart,
En dan maar zeggen: Dat is het leven.

Het lange wachten op gerechtigheid,
Dan kan ik nog lang wachten,
De eindeloze tijden,
Waarin we aan het verleden dachten.

Het begin is net voorbij,
Langzaam beginnen we te beseffen,
Dat het te laat is,
Om het leven nogmaals te treffen.

Dus geniet allen van het leven,
Hoe je bent, twijfel er niet aan,
Om problemen valt niets te geven,
Durf de wijde wereld in te gaan.

Suzanne van der Kaaij

Suzanne van der Kaaij heeft PDD-NOS, ADD en ADHD. Suzanne werd geboren zonder schildklier, wat de symptomen alleen maar versterkt.

Kennismakingsgedicht 30-09-12

Ik zal mijn even voorstellen, dus dat ik wat over mijn zelf ga vertellen.
Anouk de Wit is mijn naam, ik ben niet eenzaam.
Ik heb een vader, moeder, broer en een zus die veel om mijn geven, ik heb een gelukkig leven.
22-11-1990 konden mijn ouders met een baby goed scoren, want toen was ik geboren.
Deze meid heeft een 21-jarige leeftijd.
Ik heb een licht verstandelijk beperking en heb aan school de Waterlelie een goeie, mooie, leuke herinnering.
Al heb je van epilepsie last, ik denk dat die school dan precies bij jou past.
Dat is een speciale school daarvoor, het is een goeie school, hoor. Speciaal onderwijs is dat en dat ik toen in het so en vso zat.
Daarna ben ik naar het ROC in Heerhugowaard gegaan en heb daar twee opleidingen gedaan. Met de les was het een groot succes en met de leerlingen was het niks aan, maar ik ben toch doorgegaan.
Ik wilde voor mijn eigen twee diploma's krijgen.
Ik kan mijn werk bij Zoomers het strandpaviljoen doen.
En bij het Oude Thee Huys op het Dijk en Duin terrein, het is er klein, maar fijn. De horeca, paardrijden, rijmen, dichten en acteren, vind ik erg fijn en dat dan ook mijn hobby's mogen zijn.
Met de sport beweging, doe ik fitness en atletiektraining.
Ik kom hier gewoon vandaan, en in 2013 zie je mijn huis in Uitgeest staan.
Tot die tijd woon ik bij mijn ouders thuis en in Bakkum staat dat huis. Ik heb één goeie vriendin en daarmee heb ik het enorm naar mijn zin. Bij ons binnen komen veel ideeën en daarom beleven we veel met zijn tweeën. Buiten haar heb ik er ook nog een andere paar, maar de beste is Jantien, die wil ik graag zien.
Als huisdieren hebben we pony's en een hond, en die heeft af en toe een te grote mond en blaft in het rond.
En de pony's bevallen altijd wel te berijden, ja we hebben met deze huisdieren gelukkige tijden.
Dit was nu, mijn kennismaking voor u.
De kennismaking is voldaan en hopelijk heeft u het weerstaan.

Anouk de Wit

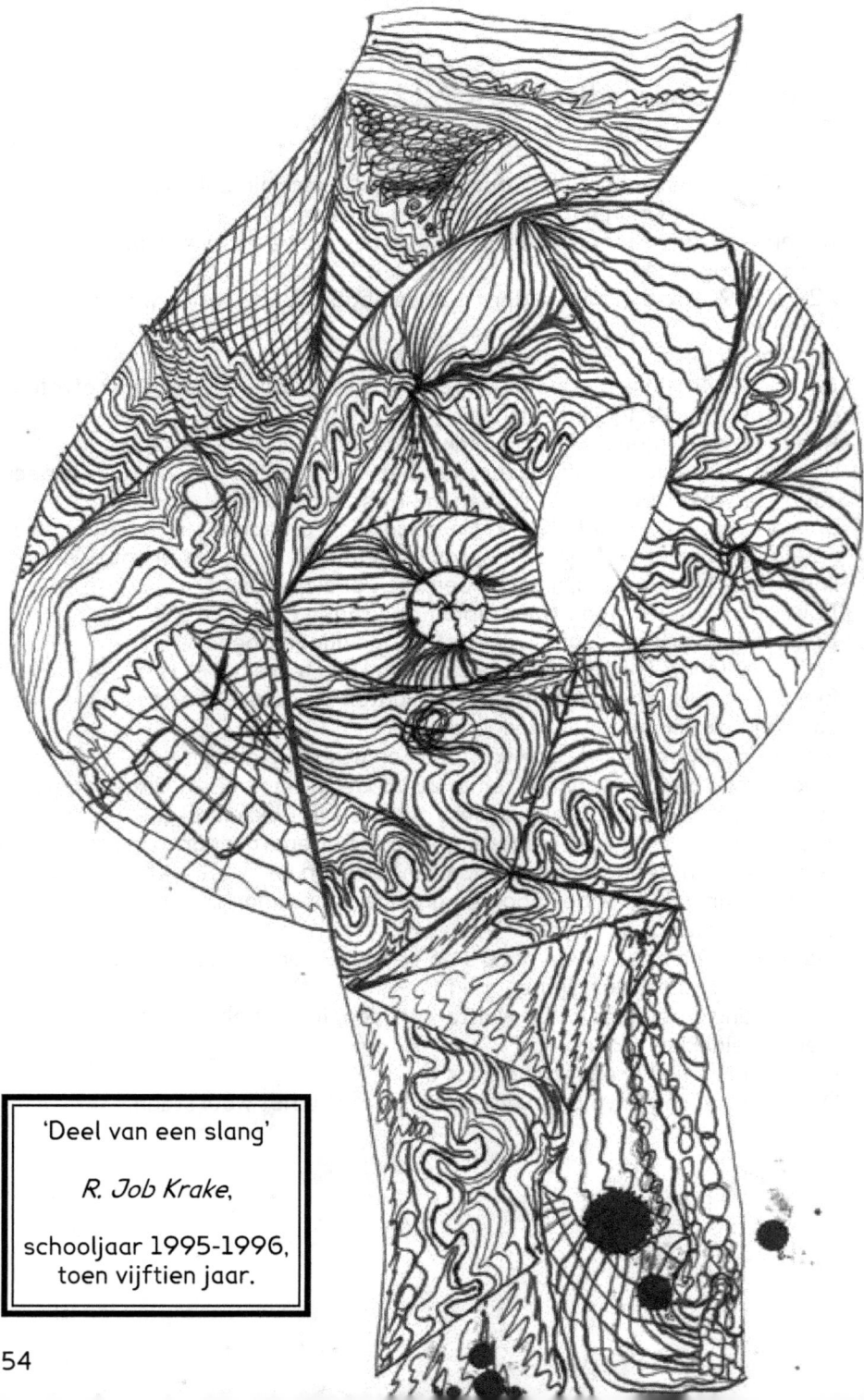

'Deel van een slang'

R. Job Krake,

schooljaar 1995-1996,
toen vijftien jaar.

'Het lijkt wel of hij niet helemaal spoort.'

Nee, logisch toch? Hij is geen treinstel!

Nothing but a dreamer ...

Yentl

Vanaf mijn vroegste jeugd, nee, niet vanaf mijn vroegste jeugd, vanaf mijn puberteit, probeer ik normaal te doen. Daarvóór deed ik gewoon zoals ik was en dat was een beetje raar, volgens mijn moeder, de buitenwereld, mijn zus.

En dat raar doen had ik zelf niet eens in de gaten, ik was gewoon wie ik was en wist eigenlijk niet goed wat ik in die 'normale' wereld aan het doen was. Opeens was ik er en vroeg me ook af waar ik daarvóór dan was.

Zo lag ik het liefste onder de bank te luisteren naar de sprookjesplaat, steeds opnieuw, en ondertussen te kijken naar een replicaschilderij van Es-scher dat aan onze muur hing. En dat deed ik vaak. Al die vogels en vissen die in elkaar overliepen en die vierkanten die dan weer vogels en vissen werden en dat zwart dat naar het wit toe liep, heerlijk vond ik het om elk detail daarin te ontdekken. Ook luisterde ik het liefste naar psychedeli-sche muziek, zoals je die in de jaren 70 nogal eens hoorde en waar mijn moeder gelukkig ook van hield.

De leukste tijd beleefde ik op de peuterspeelzaal en de kleuterschool. Daar was normaal doen nog niet zo erg aan de orde, alhoewel ik ook daar al opviel door abnormaal gedrag, volgens de anderen dan. Zo speelde ik het liefste alleen en was ik me niet erg bewust van het feit dat er ook nog andere kinderen waren. Ik zag ze wel en wist dat ze ook in de klas aanwe-zig waren, maar ze bestonden niet in mijn wereld, zij waren de anderen.

Misverstand

Toen ik jarig was en mocht trakteren had mijn moeder me verboden om de juffen wat te geven, want dat was zielig voor de kinderen van de andere klassen als ze zouden zien dat hun juf wel kreeg, maar zij niet. Nadat ik de kinderen uit mijn kleuterklas een prikkertje had gegeven met kaas en worst en een druif wilde de juf er ook eentje pakken, maar ik trok snel de uitdeelschaal weg, want mijn moeder had gezegd dat dat niet mocht.

De juf keek me beteuterd en teleurgesteld aan, en verwonderd ook. En dat zag ik heus wel, want de schrik stond in haar ogen. Ze belde later mijn moeder op om te vragen waarom zij niks mocht nemen van de traktatie en moeder zei: 'Nee, nee, zo is het helemaal niet! Yentl heeft het weer verkeerd begrepen, ik bedoelde dat ik het niet goed zou vinden als ze de klassen rond zou gaan, want dan krijgen alleen de juffen wat en de kinderen niet. Maar de eigen juf natuurlijk wel!'

Ik begreep er niks van, mijn moeder bedoelde toch alle juffen? Was mijn juf dan geen juf? Ik voelde me heel slecht dat ik mijn juf niks had gegeven, want ze was de allerliefste juf die ik ooit had gehad en ook nooit meer zou krijgen. Ze had van mij de hele schaal mogen opeten, zo lief vond ik haar. Eigenlijk nog liever dan mijn eigen moeder. Ze had goudblond haar en heel lieve ogen en heette ook nog eens Roos. Ik zag haar gezicht dan ook altijd als een gele roos, haar haren waren dan de rozenblaadjes die haar gezicht omsluierden.

Verband
Het liefste speelde ik alleen in de poppenhoek of was ik aan het knutselen. Ik hield niet van samen spelen; samen spelen betekende dat ik dan moest doen wat het andere kind mij opdroeg, want ik was nogal timide en bangig aangelegd en durfde niet goed voor mezelf op te komen. Dus speelde ik liever alleen in mijn eigen fantasiewereldje. Dan kon ik doen wat ik zelf wilde.

Ik wilde ook altijd verpleegster worden. Mijn vader moest voor zijn werk op de grote vaart ook stage in het ziekenhuis lopen en nam allerlei materiaal mee dat niet meer werd gebruikt. Oude pincetten, spuiten, verbandmiddelen en ik vond het geweldig! Ik had van mijn vader geleerd hoe je verbanden moest leggen en de tuinkamer toverde ik om tot ziekenhuis.

Al snel werd alle visite die bij ons kwam, verbonden. Armen, benen, ik kon het allemaal. Later, toen ik op school gym had, of rekenen, op de lagere school, eerste klas, heb ik mezelf weleens verbonden, met zo'n keurig visgraatje, en de juf verteld dat ik echt niet kon rekenen of gymmen, want mijn arm zat in het verband.

Gemeen
Ik was naïever dan de meeste andere kinderen en kon me niet voorstellen dat iemand iets gemeens zou doen, iets dat ik nooit zou doen en als ik iets nooit zou doen, dacht ik dat niemand zoiets kon doen. Maar al snel kwam ik erachter dat dat niet zo zat met de wereld. Ik werd gepest. Overal waar ik kwam werd ik gepest of mocht ik als enige niet meedoen, werd ik buitengesloten, belachelijk gemaakt of totaal genegeerd. Als er al een kind het waagde met mij om te gaan, werd dat kind ook buitengesloten, dus ze lieten het wel om met mij om te gaan. Ik was raar en dat zag je denk ik aan me. Ik heb lang gedacht dat ik misvormd moet zijn geweest, of dat er een groot teken op mijn voorhoofd stond waaraan kinderen konden zien dat ik raar was en zeker niet mee kon doen met hun spelletjes, want dan ging het

geheid mis, dan liep het slecht af met die kinderen.

Omdat ik steeds zo buitengesloten en gepest werd, ging ik observeren waardoor dat dan toch kwam. Er moest iets zijn waardoor zíj wel mee mochten doen en ík niet. De conclusie was na een tijdje getrokken: de andere kinderen waren vaak gemeen en bazig en elkaar voor de gek aan het houden. Niemand leek eerlijk, iedereen maakte misbruik van de ander en als je je niet profileerde als sterk, mondig en alert, werd er over je heen gelopen.

Maar op mijn vierde dacht ik niet aan die moeilijke termen, alleen het woordje 'gemeen' kwam in me op en dus ging ik ook gemeen doen. Ik ging opeens zand in de papier-machébak doen, die gevuld was met behanglijm. Ik deed dat vrij plotseling en iedereen was ontzet dat ik dat deed. Het altijd zo brave, lieve meisje deed opeens iets wat ze nooit deed! De juf kwam erbij, ik kreeg straf, wat me erg verdrietig maakte. Nu hoorde ik er toch bij?! Nu deed ik toch wat de rest ook deed?

Een paar dagen later stal ik een paar oorbelletjes van een ander meisje en een paar Barbapappa-poppetjes van een jongetje. Ik nam het mee naar huis en mijn moeder kwam erachter en was heel erg van streek dat ik dat had gedaan. Een ernstig gesprek volgde en de juf op school snapte er niks van. Ik ging langzaam begrijpen dat dit niet mocht, en ben ermee gestopt. Heb afgezworen ooit nog eens iets te stelen of te doen wat niet mocht, want het voelde vreselijk en ik had ontzettende spijt. Mijn moeder dacht dat ik die spulletjes graag wilde hebben en ik kreeg ze voor mijn verjaardag, maar daar ging het mij helemaal niet om. Ik wilde erbij horen en nu vond iedereen me nog raarder en stommer dan daarvoor ...

Koninginnedag
Terwijl het pesten bleef was mijn initiatief verdwenen. Ik bleef in mijn droomwereld, ik verzon verhalen en die speelde ik dan in gedachten uit.

De enige die met me wilde spelen was het zwakbegaafde buurjongetje, Jeroen. Daar was iets mee, maar niemand wist wat. Alleen dat hij heel erg stotterde en tics had en moeilijk sprak en scheel keek, maar dat vond ik helemaal niet erg. Hij was ook motorisch niet in orde, kon niet rolschaatsen en fietsen en touwtjespringen. Maar daar gaf ik niet om. Jeroen werd net als ik gepest en samen speelden we Koninginnedagje, dan gingen we in rood-wit-blauwe kleren op Koninginnedag met vlaggetjes in onze handen door de straat lopen en Oranje Boven zingen. Want dat hoorde op Koninginnedag. Alleen was het die dag geen Koninginnedag. En dat was dan 'raar', volgens de andere kinderen. Zijn jongere zusje deed ook mee, maar toen ze ouder werd vond ze het een belachelijk stom spelletje en deed ze niet meer mee, net als mijn eigen jongere zusje, die dat nog veel sneller in de gaten had.

Inmiddels had ik na drie jaar kleuterschool – ik mocht fijn een jaar langer naar de kleuterschool! – naar de basisschool, toen nog lagere school geheten. Maar eerst nog die lange, oneindige heerlijke warme en zorgeloze zomervakantie. Die heerlijke zomer van '76, waarin het volgens mij niet heeft geregend en het badje altijd op stond en we elke dag naar het strand gingen. En ik 's morgens vroeg wakker werd en me afvroeg waarom er verder nog niemand wakker was, en ik dan de vreugde in me voelde stromen als ik het zonnetje in de slaapkamer van mijn ouders door het donkerblauwe gordijn zag komen, langs de spleten waar het gordijn zich sloot en opende, en ik de figuurtjes die dat veroorzaakte op de muur afgetekend zag en van die rand licht boven de gordijnen, – dan werd ik zó gelukkig, dat ik het zo op voelde borrelen en naar beneden wilde om naar buiten te gaan, naar de bloemen en de bomen en de zon.

Mijn moeder was wat makkelijker, had geen strenge regels, geen structuur en alles was steeds anders. Soms was ze dagenlang depressief en dan zat ze op de bank te huilen of met haar armen over elkaar met een boos gezicht. Of ze riep heel erg kwaad dat ze nooit aan kinderen had moeten beginnen, want het was verschrikkelijk met kinderen! Dan slopen we naar onze kamers en werden verdrietig en stil en wilden dat we er inderdaad niet waren, maar we waren er wel, mijn zus en ik en we konden onszelf niet meer wegtoveren.

Maar vandaag was mama lief en blij en vrolijk en gingen we naar het strand! Het was heerlijk op het strand en de weg ernaartoe was al heerlijk. Het beloofde een mooie warme dag te worden en we woonden vlak bij het strand, in Zeeland. Bij Domburg gingen we altijd naar het strand en dan moesten we eerst door een stukje bos, dat was altijd zo heerlijk stil en warm. Dan kwam je bij de duinen en moest je steil omhoog klimmen en daarna weer naar beneden, waar het geluid van de zee je al tegemoet kwam. En dan rook je de zee en hoorde je de zee en daar waaide het altijd heel hard. Bij Domburg had je altijd hoge golven als het hard waaide, en als je een luchtbed mee had, wat we nooit mee hadden, alleen als we met mijn oma meegingen, dan kon je zo heerlijk over de golven heen met je luchtbed.

Na uren op het strand gingen we dan tegen de middag weer naar huis en moesten we gaan douchen, in het bad, want we hadden alleen een bad met een douchekop. En die douchekop vond ik verschrikkelijk, haren wassen was afschuwelijk. Dan dacht ik dat ik geen adem meer kon halen en ben weleens huilend en krijsend uit bad gesprongen als mijn moeder mijn haar wilde wassen, omdat ik zo bang was, en in mijn kast gaan zitten. Mijn moeder sleurde me dan gewoon weer het bad in en begon met de douchekop mijn shampoo uit te spoelen, met mijn gezicht helemaal onder water, voor mijn gevoel half stikkend en doodsbang.

Mijn moeder zei dan dat ik niet moest zeuren en me niet zo moest aanstellen en vloekte en tierde dan en hield me stevig vast, zodat ik niet meer weg kon. Het is later wel overgegaan, die haarwasangst, maar dat duurde heel lang.

Na het eten was het naar *Paulus de Boskabouter* kijken en naar bed. Als mijn vader thuis was, met verlof dus, dan bracht hij me weleens naar bed. Hij moest dan steevast elke avond, of de avonden dat hij me naar bed bracht, hetzelfde verhaaltje vertellen. En dat verhaaltje ging over een prinsesje dat Yentl heette en een kamertje had, net zo groot als dat van mij, en een groen lampje, en oranje vloerbedekking, en behang met bloemen erop, en een oranje-groene kast en hetzelfde speelgoed als ik had en ga zo maar door. Ik kon geen genoeg van dat verhaaltje krijgen. En voordat hij daarmee begon, mocht ik altijd als een elfje door de kamer vliegen. Heel de kamer door, tot op de kast, en dan zat ik gelukzalig op de kast en dacht ik dat ik echt een elfje was, ik kon écht vliegen! Mijn vader hield me natuurlijk vast op zijn armen en vloog me zo de kamer door, maar eventjes dacht ik echt te kunnen vliegen en dat gevoel was onbeschrijfelijk. Vanaf dat moment wilde ik dus ook echt een elfje zijn!

Toen de verhalen van Pinkeltje voorgelezen werden, en dan met name Pinkeltje en Wolkewietje, die kon vliegen en waarin elfjes meededen, was ik verkocht. Ik moest en zou een echt elfje worden en toen ik een jaar of vijf was, en een nieuwe strandbal had gekregen, een opblaasbare, knipte ik de vier vleugelvormige stukken waaruit de bal was opgebouwd los en maakte daar vleugels van. Ik wilde naar buiten, terwijl het in april nog best fris was, met mijn witte zomerjurkje met spaghettibandjes en broderie aan de onderkant. Dat jurkje was naar mijn idee het meest gelijkende elfenjurkje dat ik in mijn kast had hangen.

Ik liep buiten en had het koud, maar ik was een echt elfje. Met mijn vleugels van plastic op mijn rug gebonden vloog ik door de straat en iedereen keek me raar aan, maar dat had ik toch niet in de gaten, ik vond het heerlijk om nu eens echte vleugels te hebben. Jammer dat ik niet echt kon vliegen, daar moest ik nog iets op vinden.

Ik had altijd themadagen. Een paar weken elfje, dan weer een paar weken boerinnetje, en dan deed ik mijn 'boerinnenjurkje' aan, dat was een jurkje waarvan ik dan vond dat boerinnen dat aanhadden. Plus twee vlechten in mijn haar en was ik een echt boerinnetje. Een ander moment was ik weer Sien, van Ot en Sien, en deed ik een door mijn moeder zelf genaaid jurkje aan waar een echt schortje overheen kon, wat toen in de mode was en ook echt een 'Ot-en-Sienjurkje' was.

Zo had ik ook een indianenjurkje en als ik dat aanhad, was ik indianen-vrouw, en ik had nog een lange jurk met bloemetjes, dat was helemaal het einde, een lange jurk tot op de grond! Dat wilde ik het allerliefste hebben, want dan kon ik spelen of ik in de vorige eeuw leefde, mijn lievelingseeuw, zo rond 1850. Alles uit die tijd vond ik prachtig, de huizen, de kleding, en ik vond alles in de tijd waarin ik nu leefde afschuwelijk lelijk. Wij woonden in een saaie drive-inwoning, die eerder op een flat leek dan een echt huis, met dat platte dak en een garage beneden. Het had niks van een echt huis, naar mijn idee, de hele straat bestond uit van die aan elkaar geplakte plattedakenhuizen en alles leek hetzelfde. De overburen hadden wel een normaal huis. Met een puntdak van dakpannen. Maar ook dat huis was niet echt mooi naar mijn zin, want het was ook aan elkaar geplakt, de hele over-kant bestond uit een aan elkaar geplakte huizenrij en had ook niks meer van een huis, zoals je leert op de kleuterschool, of zoals je als kind tekent.

Dat zat me dwars en vond ik niet leuk, daar ergerde ik me aan. Uren kon ik vanuit de keuken, die op de eerste verdieping was, naar buiten kijken en dan denken aan die huizen met die puntdaken, maar dat het eigenlijk anders moest, het moesten op zichzelf staande huizen zijn en niet aan elkaar geplakt.

Gelukkig hadden we wel bomen en achter ons huis liep een paadje dat 'het weggetje' werd genoemd. Dat was een geasfalteerd weggetje waar je kon fietsen of lopen, of spelen zoals wij deden. Het zat er vol kinderlokkers, zei iedereen, maar nog nooit hadden we er eentje van dichtbij gezien. Ge-lukkig maar, want je kon nooit weten wat er dan gebeurde als je er eentje tegenkwam. Ze lokten kinderen mee en waarom wist niemand, en ook dat is maar goed ook, want ik had geen oog meer dichtgedaan als ik het wel had geweten.

En een oog dichtdoen was voor mij ook niet echt vanzelfsprekend. Eerlijk gezegd heb ik vaker mijn ogen 's nachts opengehouden dan dicht, want sla-pen was niet mijn ding. Ik leek het niet te kunnen, dat in slaap vallen. Uren lag ik wakker en maar denken, denken, denken. Over alles lag ik te denken, ik kon het niet stoppen, steeds maar denken. Aan leuke dingen, maar ook aan minder leuke dingen. Aan het gepest, of aan mijn ouders als ik stout was geweest, of wat ik dan voor stouts had gedaan, of over school, maar dat kwam pas toen ik naar de eerste klas ging, op de kleuterschool vond ik het heerlijk. Ik lag wakker van de trein die om het uur of half uur langskwam, alhoewel dat wel een vertrouwd geluid werd op den duur. Ik lag heel erg wakker van de vuurtoren die naar binnen scheen, zo plotseling. Ik vond dat doodeng. 's Winters, als het allang donker was als ik naar bed moest, en mijn grote jarenzeventigraam alleen maar donkerte en duisternis liet zien, rende ik met mijn ogen dicht naar het raam om de gordijnen snel dicht te doen, anders zag je het dwaallicht. En het dwaallicht was de vuurtoren, of zo, ik weet dat ik altijd bang was van dwaallichten, maar het meeste toch van de vuurtoren die opeens naar binnen scheen. Zo onverwacht die lichtstraal in je kamer, heel eng vond ik dat.

Tot we verhuisden, toen ik tien was, was ik bang van de vuurtoren en bleef ik met mijn ogen dicht naar het raam rennen om de gordijnen dicht te doen.

Ik was altijd bang 's avonds. Bang in mijn slaapkamer, bang in het donker, bang dat mijn moeder weg zou gaan. (Soms ging ze op visite bij een vriendin of buurvrouw in de straat en nam de babyfoon dan mee, en toen we ouder waren, vertelde ze soms dat ze op visite ging, maar soms ook niet. Toen ik een keer het vermoeden had dat mijn moeder er niet was omdat ik niks hoorde beneden, ben ik mijn zusje wakker gaan maken en heb ik uit het raam staan schreeuwen dat mijn moeder terug moest komen. Mijn moeder kwam witheet van woede terug van de buurvrouw en was heel erg boos dat ik mijn zusje had wakker gemaakt en dat ik toch wel wist dat ze op visite was en dat ik niet zo stom over de straat moest gaan schreeuwen, uit het raam. Ik vertrouwde het nooit meer dat mijn moeder wel weer terug zou komen, elke avond doodsbang dat ze weg zou zijn. Dat ze woedend weer terugkwam als ik weer uit het raam had staan roepen gaf niks, ze was er tenminste weer.) Bang om dood te gaan, maar vooral bang dat mijn moeder dood zou gaan, bang voor ruzie, bang dat ik straf kreeg, bang dat ik later negen kinderen zou krijgen en er geen plek voor had.

Ik kon bijna nooit slapen en als ik dan al uren had liggen piekeren en draaien, ging ik uit pure wanhoop ten slotte maar uit bed, in de hoop dat mijn ouders nog een list wisten, of troost, want vaak lag ik gewoon te piekeren. Na de eerste keer kon er nog een: 'Ja, ga maar slapen, ik kan er ook niks aan doen en niet er steeds uitlopen' af van mijn moeder. Ik kreeg dan op mijn donder, moest 'over de knie' ... Ik vond dat verschrikkelijk. Het was het ultieme eindpunt van vernedering voor mij en voor een ongekend gevoel van onrecht. Kon ik er iets aan doen dat ik niet kon slapen? Ik wilde ook slapen, maar ik kon niet slapen, nooit, elke avond opnieuw, jaren lang. En als ik dan eindelijk sliep, werd ik steevast om vier uur wakker en ging er dan maar uit, wachtend op de nieuwe dag, wachtend tot het licht zou worden.

'En waag het niet om eruit te lopen!!! Ik wil je niet meer zien, akelig rotjong!' kreeg ik te horen, van zowel mijn vader als mijn moeder als ik er voor de zoveelste keer was uitgegaan. Ik lag dan nog uren na te huilen, compleet overstuur, tot ik dan toch eindelijk in slaap viel.

Ik had heel vaak nachtmerries en nachtangsten. Kon dan opeens midden in de nacht de badkamer niet meer vinden en dat soort dingen.

Mijn vader was weer thuis en dat was even weer wennen. Die vreemde man weer te zien met die rare stem, waarvan ik alweer vergeten was hoe die klonk. Maar ook fijn, want hij had cadeautjes meegenomen uit verre landen.

Mijn vader kon niet tegen harde geluiden, niet tegen onverwachte dingen en heel veel dingen leken hem steeds te ontgaan, waarop mijn moeder dan razend werd en hem dat nog eens heel ongeduldig duidelijk maakte. Communiceren was sowieso niet mijn vaders ding. Uren praatte hij over dingen die hij leuk vond en hij luisterde nauwelijks naar iemand anders. Maar het allerergste was eigenlijk dat mijn zus en ik bang waren van mijn vader. Hij kon zó onredelijk streng zijn, zo doordraven als je in zijn ogen iets fout had gedaan, en dat had je nogal snel. Vooral in de puberteit hebben we het heel moeilijk gehad, de sfeer thuis was af en toe heel beklemmend en akelig en werd erger en erger en liep heel vaak uit de hand. Dan vochten we echt met mijn vader en waar de ruzie dan om draaide was te gek voor woorden. Over een meningsverschil of iets ander stoms.

Ik zat inmiddels in de eerste klas, zoals dat vroeger heette, en ik miste meteen al de kleuterschool, waar ik drie jaar op had mogen vertoeven in plaats van twee, omdat ik zo kinderlijk en speels was. Ik vond dat heerlijk en wilde het liefste nog wat langer op de kleuterschool blijven. Ik was naar mijn gevoel ook nog niks veranderd en nog steeds kinderlijker en speelser dan mijn leeftijdsgenootjes.

Op school voelde ik me nergens bij horen. Je had de populaire kinderen, die me elk jaar een beetje meer gingen pesten en me elk jaar wat meer het gevoel gaven dat ik er niet bij hoorde, dat ik vreemd was en zichtbaar anders dan zij. Dat was voor hen een zeer goede reden om mij dat duidelijk te maken in de vorm van buitensluiten, aanraken, voor de gek houden en uitlachen.

Ik liep dus altijd alleen op het speelplein en had al snel een hekel aan de pauze, want dan begon het geklier weer. Op school was het enige vak dat ik leuk vond tekenen en dat kon ik ook heel erg goed. De rest interesseerde me niet zo. Vooral rekenen interesseerde me geen bal, ik kon er werkelijk niks van. Kon de logica er niet van inzien.

We hadden een groen flanellen bord op de achterkant van het schoolbord en daar plakte de juf dan papieren munten op die aan de achterkant klittenband hadden, dat was iets nieuws, dat gebruikte mijn moeder bij het naaien van onze kleding en dat kon plakken.

Die munten waren guldens, kwartjes, rijksdaalders, stuivers, dubbeltjes en centen en de juffrouw kon mij maar niet aan mijn verstand brengen dat een dubbeltje meer waard was dan een stuiver, die vijf cent waard was. Een stuiver was namelijk veel groter dan het dubbeltje, dat tien cent waard was. Want een rijksdaalder was ook groter dan een gulden en daarin zag ik dan de logica dat alle munten die minder waard waren, dus minder groot moesten zijn. Een kwartje was vijfentwintig cent en kleiner dan een gulden en dan opeens kwam er het minuscule dubbeltje en de veel grotere stuiver. Dat klopte niet in de reeks munten! En als je een briefje van vijf gulden kreeg en een ander gaf je een tientje, omdat die dat tientje wilde delen met jou, moest jij dat briefje van vijf aan die persoon geven en dan was het eerlijk. Ik begreep daar niks van. Je had dan gewoon een ander briefje dan eerst en hoe het dan kon dat je opeens meer geld had, dat kon niemand mij aan mijn verstand brengen.

Het was gewoon een ander briefje en ik bleef daar maar over nadenken, terwijl de rest allang aan andere sommen bezig was. Daardoor raakte ik al snel achterop met rekenen. Ik leek wel achter de feiten aan te rennen. De hele klas leek alles in luttele seconden te begrijpen en ik zat er dan nog over na te denken. Ik vond de dingen vaak niet logisch. Uiteindelijk keek ik gewoon veel liever naar buiten dan naar de juffrouw met die onbegrijpelijke rekensommen en ik dacht dat school een soort tijdverdrijf was, niet iets dat je ooit nodig moest hebben voor later. Later was trouwens ook zo'n ruim begrip, wat was dat dan, later? Dat duurde nog zo lang.

Ik wist dus totaal niet wat ik op school deed, daar komt het toch wel op neer. Ik vond het niet belangrijk en wilde alleen die dingen doen die ik leuk vond en kon en dat was tekenen en dat was knutselen. Lezen vond ik ook wel leuk, en dat kon ik vrij snel, en schrijven — schrijven was ontzettend moeilijk. Sommigen konden zo netjes die lijntjes volgen, bij mij werd het altijd een kliederboel. Alles werd bij mij een kliederboel en snel kreeg ik het predicaat lui en slordig.

Maar in mijn hoofd was ik onophoudelijk aan het nadenken en ik dacht eigenlijk dat iedereen dat deed. En de wereld om me heen leek voorbij te gaan voordat ik er erg in had. De kinderen hadden weer een nieuw iets bedacht en weken daarna kwam ik er pas achter dat er iets nieuws was op het schoolplein. Niet meer touwtjespringen, maar rolschaatsen. En ik wilde daar dan ook aan meedoen, maar die anderen konden dat al heel goed terwijl ik nog wiebelig stond te oefenen. Toch kon ik het uiteindelijk. Gym was ik slecht in, ik snapte niks van de spelregels, lette nooit op bij de uitleg.

Maar tekenen was mijn stokpaardje en in die eerste klas mocht ik meedoen aan een tekenwedstrijd. En die won ik. Ik was super trots en ontzettend verbaasd dat ik had gewonnen. Plotseling stond de hele klas om me heen en wilden ze weten wat ik dan toch had getekend.

Ik genoot van de vakanties, want dan mochten mijn zus en ik bij oma logeren in Brabant. Oma woonde bijna in een bos, op een psychiatrische instelling waar mijn opa werkte en mijn oma vroeger had gewerkt. Het was daar heerlijk! Overal natuur, bos en een parkachtige omgeving. Mijn opa en oma woonden in het allerschattigste huisje dat je maar kon bedenken, uitkijkend over de weilanden aan de achterkant en voor uitzicht op het bos, waar maar een smal paadje hun huis van het bos scheidde. Het huisje had buren, het was een twee-onder-een-kapje, met de nadruk op 'je', want het was een piepklein huisje en dat van de buren was gespiegeld aan dat van opa en oma.

Bij opa en oma logeren betekende ook puur geluk. Het was elke dag hetzelfde, elke ochtend stonden opa en oma om zeven uur op, altijd! En dat was zo heerlijk, want ik was ook altijd zo vroeg wakker en nu hoefde ik niet uren te wachten tot iedereen eens naar beneden kwam, nu was ik de laatste!

Opa stond dan in de gang te scheren en zong alle psalmen die hij kende. Hij was een diepgelovig man en hield van tradities. Een heel lieve opa, die goed kon tekenen en voor ons altijd een boerderij tekende met pen en dan alle diertjes moest benoemen en tekenen. Oma was wat ongeduldig van aard en super schoon, en wat afstandelijk, maar dat maakte helemaal niet uit, alles was rust, reinheid en regelmaat wat de klok sloeg en dat vond ik het allerheerlijkste dat er bestond. Ik voelde me er heel erg veilig, geen onvoorspelbare dingen, geen ruzie, geen onvertogen woord. Alleen rust.

Oma ging het ontbijt maken en om half acht zaten we aan het ontbijt, altijd! En om zeven uur ging de radio aan voor het nieuws en daarvoor kwam altijd het tijdsein, een paar minuten lang een langgerekte toon. En dat was áltijd zo, elke dag weer, totdat het tijdsein ophield te bestaan en er reclame kwam, maar toen zetten mijn opa en oma ook de radio niet meer aan.

En dan moest er eerst gebeden worden, daarna mochten we pas beginnen. Mijn ouders waren heel erg tegen de kerk en tegen alles wat daarmee te maken had, vooral mijn moeder. Ze kwam uit een socialistisch gezin en was overtuigd atheïst. Mijn vader geloofde ook nergens meer in, behalve in de wetenschap. Maar ik geloofde wél. Ik geloofde in de Bijbel en vond het heerlijk om naar de kerk te gaan. Het gaf een bepaalde rust en zekerheid en ik geloofde heilig dat Christus bestaan had.

Ik had wel moeite met bepaalde verhalen uit de Bijbel, die ik niet kon rijmen met wetenschappelijke dingen, waar ik ook in geloofde. Het verhaal van Adam en Eva leek me eerder symbolisch bedoeld dan echt gebeurd en zo ook met Noach en andere verhalen. Maar mijn opa daar naar vragen mocht ik niet doen! Ik had daar één keer, toen ik een jaar of negen was, naar gevraagd, hoe dat dan zat met Adam en Eva en hun zoons, Kaïn en Abel, die elkaar doodsloegen en opeens waren er ook nog andere mensen, veel meer mensen zelfs die al rondliepen op aarde. Opa werd woedend dat ik aan de Bijbel twijfelde en zei vastberaden: 'Het staat in de Bijbel, het is het woord Gods, het is de waarheid!' En daarmee was de kous af begreep ik en ik durfde daar niets meer over te zeggen, maar voor mezelf had ik allang uitgemaakt dat er iets niet klopte aan die Bijbel.

Ik vroeg me ook heel vaak af wie er nu in mij zat als ik naar de spiegel keek. En dacht ik: ik zie nu wel een meisje daar in de spiegel, maar wie ben ik eigenlijk? Wie zit er in mij? In dit lichaam?

Mijn zoektocht was begonnen naar het waarom van het leven. Als het enige wat we weten de Bijbel is en daar dingen niet in kloppen, maar sommige dingen toch wel weer als waar aanvoelen, hoe kan dat dan, en de wetenschap dan? Dat vond ik meer dan logisch, dat alles was ontstaan en geëvolueerd was. Maar hoe en waarom was alles ontstaan, hoe kan er eerst niets zijn en dan opeens iets? En wat gebeurde er ná je dood? Die hemel moest wel bestaan, maar die hel ook, en je moest wel heel goed leven en goed doen, wilde je daar uit blijven. Maar wat was goed? En wat was kwaad? Waar lag de scheidslijn, de grens van goed en kwaad? Bepaalde God wat goed was en wat kwaad was? Had Hij geen medelijden? Hij wist toch alles? Dan wist Hij ook waarom je iets had gedaan, of juist niet had gedaan en dan had Hij daar toch vast wel begrip voor gehad? Hij is een Vader van liefde, zo stond er in de Bijbel, in de kinderbijbel die ik had gelezen, dan kan Hij toch nooit lang kwaad blijven als je iets fout deed? Of was Hij net als papa, die zo boos kon worden en waarbij je geen gratie kreeg en gewoon keiharde straf als je iets fouts had gedaan. En iets fout doen lag steeds op de loer bij hem, je deed al snel iets fout.

Ik dacht er steeds aan, aan die God en aan de Bijbel en aan Darwin en de wetenschap en had voor mezelf bedacht dat de Bijbel symbolisch was en dat Adam en Eva symbool stonden voor de eerste mensen, voor aapachtigen die zouden evolueren en dat God echt niet in zes dagen de wereld had kunnen scheppen, maar dat daar miljarden jaren overheen waren gegaan, zes miljard jaar of zo, zes tijdperken. En het zevende tijdperk was Gods werk af. Ja, voor dát moment, maar het leven evolueert vrolijk door, stopt nooit.

In mijn straat woonden kinderen en de meeste van die kinderen vonden mij raar, stom en pestten mij. Ik had wel een soort vriendinnetje, maar ze was alleen leuk en aardig als ik alleen met haar speelde, zodra het populaire meisje van de straat mee ging doen, veranderde ze als een blad aan een boom. Ze gingen dan met zijn tweeën tegen mij en ik moest dan allerlei rare dingen van hen doen. Of er was nog een derde meisje bij en dan was het helemaal uitgesloten dat er nog iemand zich op een normale manier om mij bekommerde, ik was maar een blok aan hun been en ik hoorde er niet bij en dat lieten ze dan heel duidelijk merken.

Ik herinner me een keer in de achtertuin van het meisje dat op de hoek woonde. Karin heette ze en Lianne en Daniëlle waren er ook bij. Daniëlle was mijn vriendinnetje als ze alleen was, en Lianne was het populaire meisje, ze kreeg alles wat haar hartje begeerde en haar ouders, opa en oma verwenden haar ontzettend en lieten aan alle kanten merken dat ze zo ontzettend blij met haar waren. Pas jaren later kreeg ze een broertje, maar tot die tijd was ze enig kind en gruwelijk verwend. Ze stak dat ook niet onder stoelen of banken, nee, ze liet met graagte zien wat ze dit keer weer voor nieuwe Barbies en Cindy's had gekregen, en ze had de grootste en mooiste kinderwagen van de straat.

Daniëlle was net als ik een zeemansdochter en zij was niet verwend. Ze kon heel krengig zijn en snauwerig doen en als ze met Lianne omging, gingen ze mij nadoen, of mij negeren, of dingen voor me bedenken die ik dan moest uitvoeren, anders kreeg ik geen beloning en die beloning was dan mee mogen doen met hen.

Karin was van de kerk en ik kan me haar alleen maar smoezend en gniffelend en stiekem herinneren. In mijn beleving deed zij alles stiekem, en roddelen was haar favoriete bezigheid. Ná uitlachen.

We waren dus aan het spelen in haar achtertuin en er stond een parasol op, en onder die parasol stond een winkeltje opgesteld, een poppenwinkeltje. Ik vond het prachtig en wilde daar graag mee spelen, maar dat mocht niet. Eerst moest ik vijfentwintig rondjes rond de parasol lopen, voordat ik mee mocht doen en ondertussen waren zij dan fijn aan het winkeltje spelen.

Na vijftig rondjes riep mijn moeder me, die me over de heg had gadegeslagen en in de gaten had dat ik gepest werd en buitengesloten. Ik voelde me heel vreemd, ik schaamde me en wilde het liefste wegduiken, verdwijnen dat ik weer zo naïef en zo stom was geweest om te doen wat ze zeiden. De meisjes keken elkaar aan en proestten het uit van het lachen.

Ik heb de rest van de dag in mijn kamer zitten huilen. Ik was blij dat ik verhuisde toen ik tien jaar was, weg van die rotschool, weg van die rotkinderen en opnieuw beginnen in een nieuw dorp.

Ik heb twee jaar de meao gedaan, na de mavo, en kwam niet verder dan de eerste klas. Ik snapte niks van rekenen en wilde liever iets met mijn handen doen, het allerliefste de verpleging in. Toen ik net van de mavo kwam, heb ik gesolliciteerd in een verpleeghuis, maar werd niet aangenomen, ze vonden me te naïef en omdat ik had verteld dat mijn hobby ballet en toneelspelen was, vonden ze me meer geschikt om naar een toneelschool te gaan.

Uit pure wanhoop maar de meao gaan doen, wat een totaal fiasco bleek. Ik werd weer gepest, zelfs door de leraren, hoorde nergens bij en werd belachelijk gemaakt. Thuis was het door alle spanningen tussen mijn ouders en tussen mijn ouders en mij een drama en ik kon me totaal niet concentreren op mijn huiswerk. Na twee jaar eerste klas moest ik van die school af en ik was opgelucht. Ik had vanuit de school het ziekenhuis gebouwd zien worden en zat daar steeds dromerig naar te staren en als ik daarnaar keek, voelde ik me heel gelukkig. Ik wist opeens heel zeker dat ik de verpleging in wilde, zoals ik als klein meisje al had gewild.

De theorie ging geweldig, ik haalde hoge cijfers en vond alles even interessant. Ik verslond mijn studieboeken en had de boeken al gelezen nog vóórdat de opleiding begon; in de week dat ik ze thuis had, had ik ze al allemaal doorgelezen, verslonden en alle info die erin stond over ziekten en dergelijke in mijn geheugen geprent. Maar toen kwam de kijkstage en dat was een drama. Vanuit de school zeiden ze dat we niks mochten doen, alleen kijken hoe alles eraan toe gaat. In de praktijk, het ziekenhuis dus, bleek dat een heel ander verhaal. Je moest meelopen met een begeleider, en dat was een verpleegkundige die dan een leerling moest begeleiden, maar die daar meestal geen zin in had.

Elke dag van die week stage had ik een andere begeleider, terwijl je er maar één toegewezen zou moeten krijgen, maar tja, in de praktijk ging dat nu eenmaal niet met die wisselende diensten. Elke keer schakelen en erachter zien te komen wat die andere begeleidster nu weer van me wilde, terwijl je er net aan gewend was dat die eerste begeleidster het zó wilde en dát belangrijk vond. Steeds wisselen en schakelen en alles in een recordtempo proberen te onthouden. Want er bleek niks van waar, van die 'kijkstage'. In de praktijk moest je gewoon meedraaien met je begeleidster en meehelpen en dingetjes halen, mee helpen wassen, aankleden, wonden verzorgen et cetera. En dat was heel zwaar.

De dag dat ik naar de zusterflat gebracht werd door mijn vader, hadden mijn vader en ik een ongekende ruzie, de hele dertig kilometer lang heeft hij me een preek gegeven dat ik niet deugde, dat mijn vriend niet deugde, dat er niks aan mij deugde en ik er waarschijnlijk niks van zou bakken. Ik weet niet eens meer waar die ruzie om begonnen was, waarschijnlijk een meningsverschil zoals gewoonlijk. Na die 'peptalk' van mijn vader stapte ik bij mijn bestemming uit en vroeg hij, alsof er niks gebeurd was, of hij nog een kus kreeg, want hij ging er meteen vandoor. Ik was compleet uit mijn doen en stond huilend naast de auto, gaf hem een kus op zijn wang en hij ging weg.

Een leuk begin van mijn nieuwe carrière ...

In mijn kleine kamer van de zusterflat voelde ik me doodzenuwachtig voor wat er komen ging de andere dag en ik voelde me ook eenzaam. De volgende ochtend ging ik in mijn zusterjurk naar het ziekenhuis en moest met mijn begeleidster een patiënt wassen. Hij lag aan allemaal slangen en rochelde heel erg. Hij had zware longontsteking en zag er bedroevend slecht uit. Hij had ook een blaaskatheter en terwijl ik naar de instructie van de verpleegkundige luisterde, tijdens het wassen, werd het plotseling heel erg draaierig voor mijn ogen. Ik deed net of ik mijn schoenen ging strikken, om maar niet flauw te vallen, maar had helemaal geen veters aan mijn schoenen ... De begeleidster vroeg wat ik aan het doen was en toen moest ik wel opbiechten dat ik bijna flauwviel en ik moest van haar op een bankje in de gang gaan liggen. Ik voelde me compleet gefaald en mislukt. Hoe kon ik nou ooit verpleegkundige worden als ik hier al niet tegen kon?

De rest van de afdeling keek me wat spottend en lacherig aan en ik had een gigantische migraineaanval gekregen. Doordat ik me zo ziek voelde, zat er niks anders op dan naar mijn zusterflat te gaan en de begeleidster stond erop dat ik me ziek meldde. Ik heb in mijn kamer zitten huilen en alle studieboeken vol enge vreselijke plaatjes van decubituswonden, gangreen en andere afschuwelijke aandoeningen zitten bestuderen tot ik er niet meer akelig van werd en mezelf gedwongen ernaar te kijken.

De rest van de week heb ik als een zombie door de afdeling gelopen en alles gedaan wat ze van me vroegen, alles proberen te onthouden en ik was helemaal kapot van vermoeidheid aan het einde van elke dienst. Alles draaide en tolde voor mijn ogen, maar ik moest ook nog een stageverslag maken en mijn doelen halen …

De derde dag moest ik iemand met een afgestorven voet verzorgen, samen met een andere zuster en de geur zal ik nooit meer vergeten. Ik moest allerlei verbanden gaan halen in het magazijn die ze was vergeten, omdat de wond vreselijk lekte en ik wist nauwelijks de weg op die afdeling. Ik voelde me heel erg verantwoordelijk voor wat ik deed en wilde alles heel erg goed doen, maar het duurde allemaal zo lang voordat ik eens doorhad wat ze bedoelden, wat er van me verwacht werd en waar ze het over hadden. Het einde van de week kreeg ik een negatieve beoordeling. Ik was te slordig en onhygiënisch, want ik had een po op de grond gezet en dat mocht niet.

Ik mocht eigenlijk niks, volgens de opleiding dan, maar dat maakte niet uit, ik werd beoordeeld op het werk dat ik eigenlijk nog niet had mogen doen en dat was schijnbaar de normaalste zaak van de wereld. Veel leerlingen klaagden daarover, maar niemand trok zich er wat van aan en ik bleef de enige die steeds meer moeite kreeg met de stages, omdat het te wisselend was, je heel snel en alert moest zijn, alles in een dag moest weten, alsof ik steeds opnieuw het wiel moest uitvinden.

Al die indrukken, al die informatie, al die uitleg, het sociaal doen op het kantoortje tijdens de pauze, de etenspauze waarbij alle collega's in de kantine gingen zitten eten en er van je verwacht werd dat je erbij ging zitten, ik trok het gewoon niet meer. Ik glipte in de etenspauze altijd weg en ging op mijn zusterflat eten, even niks aan mijn hoofd, niks geen sociaal gedoe, ik deed dit om te overleven.

Het was een grote overleving, die twee jaar dat ik als leerling-verpleegkundige in het ziekenhuis rondliep. De meeste verpleegkundigen vonden me maar een vreemde. Ik leek zo ongeïnteresseerd, zo vlak, en ik kreeg steevast een slechte beoordeling. Geradbraakt was ik na zo'n beoordeling. Het was steeds weer uitzoeken wat er van me verlangd werd, wat ik moest doen, hoe ik in godsnaam die doelen kon laten aftekenen, want niemand had vertrouwen in me dus vrijwel niemand tekende mijn doelen af, al stonden ze ernaast en zagen ze dat ik het goed deed. Het was stress en spanning en door de onregelmatige diensten en alle indrukken sliep ik bar slecht tot niet en viel ik overdag bijna flauw van vermoeidheid en stress. De theorieweek, die ik af en toe had in mijn inservice-opleiding, was een welkome afleiding. Dan kwam ik tot rust, op school. Het was een kleine school met praktijklokalen en het leren ging mij makkelijk af. Ik vond alles interessant en snapte maar niet waarom ik zo'n moeite had met de praktijk. Ik voelde me gefaald en mislukt. Niemand scheen moeite te hebben met de praktijk, op een paar na, maar die hadden niet die problemen die ik had. Ze snapten alles eerder dan ik, ze hadden wel moeite met het steeds wisselen van de begeleiders of slechte begeleiding, maar niet met de vele info die tot hen kwam en de werkzaamheden.

Na twee jaar stress en ellende had ik besloten dat ik ging stoppen, ik was helemaal opgebrand en had een sollicitatiebrief geschreven naar een verpleeghuis in de buurt. En daar werd ik — heel gelukkig — nog aangenomen ook. Het was datzelfde verpleeghuis waar ik na de mavo had gesolliciteerd, maar toen was afgewezen. Ik had nachtdienst gehad toen ik mijn sollicitatiegesprek had en het kon me allemaal niet zo veel meer schelen. Ik zei heel eerlijk dat ik bepaalde dingen niet wist omdat ik nooit in een verpleeghuis had gewerkt en het in een ziekenhuis er toch anders aan toe gaat. De praktijkcoördinator zag schijnbaar iets in me en ik werd aangenomen. Ik was dolgelukkig, hoopte dat ik toch minder stress zou krijgen in deze opleiding en aan de slag kon.

Na een half jaar kon ik in de nieuwe klas beginnen, meteen al in het tweede jaar, omdat ik al twee jaar in het ziekenhuis had gewerkt. Ik wilde nog wel een half jaar, tot de opleiding ziekenverzorging begon, doorwerken op de kraamafdeling van het ziekenhuis. En of het nou kwam doordat mijn praktijkopleidingsboek niet meer hoefde te worden afgetekend omdat ik er toch mee stopte, of dat het kwam omdat ik de kraam zo geweldig leuk vond, maar alle collega's van de kraamafdeling snapten niet waarom ik ging stoppen met mijn opleiding A-verpleegkunde, want ik deed zo goed mijn werk, ze waren ervan overtuigd dat ik talent had voor de kraamafdeling. 'Het zal wel komen doordat ik geen stress meer ervaar, geen druk meer voel van dat puntenboek, geen doelen meer hoef te laten aftekenen, geen beoordelingen meer krijg,' zei ik dan.

In de ziekenverzorging ging het het eerste halfjaar super goed. Ik had een geweldig leuke afdeling en alles ging daar een stuk meer gestructureerd dan in het ziekenhuis. Steeds dezelfde handelingen, geen ingewikkelde en gecompliceerde dingen waar je rekening mee moest houden en ik had een voorsprong door de ziekenhuiservaring. Ik was goed door het eerste halfjaar heen gekomen en kon naar de volgende afdeling. Ik had nu ook geleerd wat er van me verwacht werd, dat ik vriendelijk moest kijken, initiatief moest nemen, sociaal moest doen en dat kon nu ook omdat dit voor mij veel makkelijker was, met steeds dezelfde dingen die elke dag terugkwamen.

Het tweede halfjaar stage, op een andere afdeling, was weer een ander verhaal. Dat was geen leuke afdeling, met een hoofd en subhoofd die leerlingen behandelden alsof ze er totaal niet toe deden en je minachtend aankeken en wéér dat gedoe met dat puntenboek dat niet werd afgetekend.

Ik heb me door dat halfjaar weten heen te worstelen, en mijn eindverslag gemaakt, waar ik goed in was. Mijn puntenboek had ik ook bij elkaar weten te sprokkelen en mijn cijfers van mijn toetsen waren geweldig. Het enige dat restte was het eindgesprek en dat kon je niet leren. Ik begreep ook totaal niet wat er van mij verwacht werd, het was een vaag verhaal, dat eindgesprek, en toen ik uiteindelijk mijn drie onderwerpen probeerde te verdedigen tijdens dat eindgesprek, bleek dus ook dat ik het echt niet had begrepen. Ik wilde een nieuw medicijnsysteem, want hetgeen we nu hanteerden op de afdeling was totaal uit de tijd. Ik praatte en praatte en had een ander systeem bedacht dat veel beter zou zijn. Dan de privacy op de afdeling: niet om over naar huis te schrijven. Schuifdeuren moesten er komen, of iedereen een eenpersoonskamer, het is toch te belachelijk voor woorden dat zieke oude mensen met zijn vieren op een kamer hun laatste levensdagen slijten!? En ik had geweldige argumenten, prachtige oplossingen bedacht en had niet in de gaten dat de examinatoren die tegenover me zaten, steeds bedenkelijker gingen kijken. Na een uur was mijn tijd om en ik mocht even wachten. Ik was ervan overtuigd dat ik was geslaagd, want hier hadden ze niet van terug.

Helaas, na een half uur kwam een broeder me halen en ik mocht gaan zitten. Ik was hartstikke gezakt, had totaal niet begrepen wat mijn rol was als ziekenverzorgster in die onderwerpen en had het hele concept van eindgesprek het allerminst begrepen.

Ik was perplex en compleet uit het veld geslagen. Gedesillusioneerd is misschien een nog beter woord.

De praktijkcoördinator zei dat ze met mij drie maanden ging oefenen en dat zij ervoor ging zorgen dat ik zou slagen. Ze heeft me alle dingen verteld die ik zou moeten zeggen en na drie maanden oefenen slaagde ik met vlag en wimpel, gewoonweg omdat ik alles wat ze me had verteld, had nagezegd.

Inmiddels werk ik niet meer in de ziekenverzorging. Ik heb er zo'n tien jaar in gewerkt, met ups en veel downs. Lichamelijk ging het steeds slechter met mij in de verzorging, omdat ik fibromyalgie heb, waar ik later pas ben achter gekomen, en ook kon ik de stress van het moeten waarnemen niet aan. Als het waarnemend hoofd er niet was, moest er iemand van de afdeling waarnemen, waarbij het voor mij totaal niet duidelijk was wat je dan precies moest doen, maar wat anderen schijnbaar allemaal op onverklaarbare wijze wel wisten, en ik durfde niet te vragen wat er dan precies van me verwacht werd. Slapeloze nachten had ik, uit angst dat ik zou moeten waarnemen en als ik daadwerkelijk moest waarnemen liep ik zo gestrest rond, en probeerde ik dat ook nog te verbergen, dat ik er migraine van kreeg. Ik had namelijk geleerd om mezelf altijd aan te passen aan de wereld om me heen en te zijn hoe mensen verwachtten dat ik zou zijn. Vanbinnen was ik een brok ellende, een angstig mens die naar duidelijkheid vroeg, maar nooit kreeg.

Later heb ik nog eens gevraagd aan een oud-collega hoe ze mij vond in die tijd en ze vertelde me dat ze nooit iets aan me gemerkt had, dat ze mealtijd zo vrolijk en opgewekt vond, iemand waar je mee kon lachen en die sociaal was en een prettige collega. Ze was dan ook oprecht verbaasd dat ik Asperger had.

Maar hier stopt mijn verhaal voor nu. Ik zou nog heel veel meer kunnen vertellen, maar ik ben blij dat ik niet meer werk, mijn rust weer terug heb gevonden en als moeder van twee kinderen met Asperger nu een bepaald ritme heb gevonden dat ik aankan en dat bij me past. En dan nog is het vaak te druk als er iets anders loopt of er te veel dingen in de week gepland staan. Het is steeds schipperen met wat ik aankan en wat er op mijn pad komt. Het is steeds zoeken naar de balans. Door mijn kinderen ben ik erachter gekomen dat ik ook ASS heb en dat is een opluchting. Ik weet nu waar het vandaan komt en dat ik, ondanks dat ik me mijn hele leven al loop aan te passen en mijn eigen gevoel, onzekerheid, neerslachtigheid, onbegrip, chaos in mijn hoofd probeer te verdoezelen, ik nu een redelijk gelukkig mens ben. It's as good as it gets.

door
Floris Dox

Floris Dox is het gezicht van de Vlaamse Vereniging Autisme. Hij is fotograaf en schilder en daarnaast ook presentator bij Radio Centraal, Antwerpen.

www.florisdox.com

LVIAHE

PIR MARIAE LVCIFTIAN
ZONGRENGS ENAI SAMVELG NOR
CHRISTEOS MICALOZ CNOQVOL
GIVI ZIR DOALIM BALTOHA GROSB
MADRIIAX IOLCAM BALIZIZRAS QAAL

VLS

Abe Ron K. Jeker, in Enochian

Vertaling:

Eerbetoon

Heilige Maria omgeven met licht
Bracht ons des Heeren Rechtschapen zoon
Laat er machtig licht zijn O gij dienaren van genade
Sterker ben ik van zonde voor mijn rechtschapenheid een bittere wonde
O gij Hemelen breng ons het oordeel van de maker

Amen

Wensgedicht 09-05-11

Mensen hebben vast wel wensen.
Mijn wens is dat ik later actrice wil zijn, dat lijkt mijn leuk en fijn, maar de wens is niet zo klein.
Je moet er veel voor doen en leren, maar ik wel het weleens proberen, dat gaat mijn nou interesseren.
Er zijn mensen die zeggen dat ik het goed kan, maar wat vinden de echte acteurs, actrices, regisseurs ervan.
Ik wil daarom ook dat er allerlei beroemdheden mijn zien, dan ben ik benieuwd of ik een laag cijfer krijg of een dikke tien.
Ik wil graag mijn acteerkunst laten zien aan mensen die er veel van weten, dan ben ik nieuwsgierig of ik mijn carrièrewens kan doen of dat ik het wel kan vergeten.
Al gaat het niet lukken, dan valt mijn leven nog niet in stukken.
Af en toe maak ik ook gedichten en al lees ik die voor dan zie ik leuke, grappige, gezellige gezichten.
Mensen zeggen dan: ik denk dat jij wel rapper worden kan.
Dichten lukt mijn dan misschien, maar voor zingen krijg ik geen tien.
Zingen doe ik zo vals als wat, dan heb ik mijn kans als rapper zo gehad.
Leren kan ik er dan voor, maar acteren doe ik liever, hoor, dat bevalt mijn ook meer, maar misschien probeer ik het wel een keer.
Ik durf zo op het podium of op tv op te treden en daarvoor heb ik ook een reden, je maakt mijn heel erg tevreden.
Het maakt mijn niets uit wat ik en in welke serie of welk programma ik speel, dat ik het dan al doe betekent voor mijn heel veel.
Ik ben benieuwd hoe alle bekende mensen zo zijn ontstaan, wat hebben hun daarvoor gedaan.
Ik wil graag informatie erover krijgen, want mijn acteerkunst ga ik niet zomaar ver- of afzwijgen.
Daarom vraag ik mijn zelf om een gunst laat het zien je acteerkunst.
Laat het zien, dan hoor je wel iets misschien.
Laat één van je dromen uitkomen.
Ik heb in mijn gedachten krachten.
Ik voel het straks heb ik pret.
Ik krijg kansen, al moet ik er wel wat voor doen acteren, zingen, dansen.
Maar ik voel dat het gaat werken en dan zullen de mensen op de tv het wel merken.

Anouk de Wit

Seks maakte meer kapot dan me lief was

Anoniem

*'I feel like I want to leave
Behind all these memories
And walk through that door
Outside'*

From: Opium by Dead can Dance

Misschien wel een van de moeilijkste onderwerpen om te bespreken. Seks! Wat is daar dan zo moeilijk aan? Ik hoor het mijn vrienden zeggen. Het begint ermee dat ik, als Asperge, het moeilijk vind om aangeraakt te worden, echter gelijktijdig is er dat brandende verlangen om wel op deze manier aangeraakt te worden. Ook het vraagstuk 'Val je op mannen of vrouwen?' is iets wat ik moeilijk vind. Ik val namelijk voor een persoon, een karakter, niet een genetisch bepaald lichaamsdeel. Een dilemma, een contradictie? Wat te doen? Er zijn slechts weinigen met wie ik durf te praten over seks maar er zijn er nog minder met wie ik seks zou durven te hebben en er zijn er nog veel minder met wie het ooit is gebeurd. In mijn 33 jaar jonge leven heeft de daad daadwerkelijk slechts tweemaal plaatsgehad. Twee keer relatief vlak achter elkaar en experimenteel van aard. Het gebeurde op latere leeftijd, nu slechts een paar jaar geleden. Er was een jongen, een collega, met wie ik privé ook goed bevriend was in die tijd, waarmee ik goed over seks kon praten. Hij had veel ervaring en ik was nieuwsgierig naar zijn avonturen en ik hoopte van zijn verhalen te leren hoe het zou zijn. We werkten bij een supermarkt in Amsterdam. Hij was assistent-filiaalmanager en ik werkte op de ontvangst en emballage. We kenden elkaar al van voor het werk, uit de buurt, maar toen hadden we nooit veel contact gehad.

Na een avondje stappen bleef ik vaak bij hem thuis nazakken en dat waren de tijden dat de gesprekken het diepzinnigst waren. Op zo'n avond, onderweg naar huis, gebeurde er iets vreemds, voor mij, uit het niets probeerde hij me een zoen te geven. Geschrokken nam ik afstand en weet het voorval aan de drank en we spraken er nooit meer over. Een paar maanden later waren we weer in een kroeg geweest en mijn collega had het aangepapt met een meisje en ik had het gevoel dat ze wel samen weg zouden gaan. Helaas voor mijn collega was er nog een charmeur in de zaal die het meisje uiteindelijk wist te veroveren. Een interessant schouwspel. Mijn collega, duidelijk opgewonden door de hele toestand, kwam weer naast mij zitten en we namen een borrel om de afwijzing te verwerken. Opeens pakte hij mijn hand en bracht die naar zijn kruis. 'Voel maar, dat kan een meisje met je doen,' zei hij. Geschrokken voelde ik wat er tussen zijn benen zat. Ik merkte dat ik daar zelf ook opgewonden van werd, ik trok mijn hand terug en keek hem aan, daarna gleed zijn hand over mijn been naar mijn kruis en hij voelde. 'Jij ook,' zei hij. 'Tijd om naar huis te gaan,' zei ik. Ik wist niet zeker of ik dat zei omdat ik van hem af wilde of omdat ik graag meer zou willen. Thuisgekomen nam hij het initiatief, hij pakte me tussen de benen en maakte mijn broek los. Toen wist ik het zeker, met deze jongen wil ik verder. Die avond had ik de mooiste nacht van mijn leven. De volgende dag bleek echter dat mijn collega daar heel anders over dacht. Hij bleef me aan de kop zeuren over hoe het allemaal toch zover had kunnen komen en waarom ik hem niet gestopt had toen hij eenmaal aan me had gezeten. 'We zijn toch geen homo's,' was zijn standpunt. Het zou nooit meer gebeuren, het was slechts een experiment geweest tussen twee jonge jongens. Onze vriendschap heeft hierdoor een behoorlijke deuk opgelopen.

Hij beloofde het goed te maken door te zorgen dat ik eens echt een meisje zou krijgen en hij zou wel wat opzetten. Dat heb ik geweten. Een paar maanden later had hij een dame gevonden die wel interesse had in een spannend avondje met meerdere jongens. Van tevoren hadden we heel duidelijk afgesproken niet aan elkaar te zitten maar alleen aan de dame. Uiteindelijk gebeurde dat ook en het was erg spannend voor mij. Nog nooit seks gehad en dan twee heftige ervaringen in korte tijd. Helaas was dit het begin van het einde van onze vriendschap. Ik raakte mijn baan kwijt en we zagen elkaar steeds minder en minder. Het heeft hem altijd dwarsgezeten dat deze twee avondjes zijn gebeurd en hij kon mij op het laatst niet meer aankijken, terwijl er voor mijn gevoel niets was veranderd aan onze vriendschap en als het al wat deed zou die in mijn ogen alleen maar sterker geworden zijn. Ik heb altijd het gevoel gehad dat hij zijn positie als assistent-filiaalchef gebruikte om mij eruit te krijgen. Sinds die tijd heb ik nooit meer seks gehad, tot op heden, uit angst kapot te maken wat ik heb. Ja, ik heb vrienden, zowel mannelijke als vrouwelijke vrienden, met wie ik heel graag seks zou willen hebben en met wie ik de rest van mijn leven wil delen. Maar liever heb ik ze als vrienden voor het leven dan dat ik ze vroeger of later kwijtraak omdat de relatie is stukgelopen. Dat is voor mij op dit moment in mijn leven een bewuste keus, wat de toekomst brengt weet ik niet en wie weet durf ik over een poosje wel de uitdaging aan maar voor nu staat het vast. Dit schrijven is/was echt heel moeilijk voor mij maar ik hoop dat anderen door mijn verhaal behoed worden voor de valkuilen en dat niet-ASS'ers de vele obstakels die er bij de ASS'er zijn begrijpen en er voorzichtiger en gerichter mee zullen om gaan.

juist

Jij probeert te vertellen
Of juist toch niet
Je vertelt te veel
Of juist toch niet
Je draait om de kern heen
Of juist toch niet
Nu komt het
Of juist toch niet
Voel ik nu wanhoop
Of juist toch niet
Begrijp ik je wel
Of juist toch niet
Probeer het samen te vatten
Of juist toch niet
Samen praten
Of juist toch niet
Problemen bestaan
Of juist toch niet
Zelfde golflengte
Of juist toch niet
      Of juist toch wel
      Zien elkander niet
      Of juist toch wel
      Voel geen emotie
      Of juist toch wel
      Geen gesprek hebben
      Of juist toch wel
      Hebben geen begrip
      Of juist toch wel
      Geen welwillendheid
      Of juist toch wel
      Geen standvastigheid
      Of juist toch wel
Niet autistisch
Of juist toch wel
      Wel autistisch
      Of juist toch niet
Dat maakt niet uit, maar dat maakt nu net het verschil

Gonnie Bakker-Luiken

Ingwer Broekema
19 Jaar

Trein in hem

Neeltje Verbeek

Licht beweegt hij door de kamer.
Alsof hij nauwelijks de grond raakt, meer omhoog gericht is dan naar voren. Een dans die geen dans is, bewegingen in een geheel eigen choreografie.

De beweging begint diep in zijn tengere lijf en komt tot bloei in zijn dansende handen. Handen die in een innige cadans samenkomen kedu kedu kedu. Zijn getuite lippen gaan mee op het ritme kedu kedu. Het ritme van trein over rails, trein over rails, trein over rails.

Wijsvingers voor zijn ogen
Op en neer
Dicht en open
Spoorbomen
En weg is de trein
Heen en weer
Dicht en open
Wielen ziet hij, wielen, wielen
En ramen, meer ramen
Komen en gaan
Spoorbomen
Tinge linge linge linge
Weg en weer

Een meditatieve handendans. Zo brengt zijn frêle lichaam zijn geest tot rust. De lichte geest, die zich zo snel laat meevoeren, ontspant bij het vaste ritme en de massieve zwaarte van de trein. De trein in hem.

Neeltje Verbeek is de moeder van een zoon met Asperger

'Zoeken naar een speld in een hooiberg.'

Weleens een hooiberg in een speld gezocht?

Een zoon met Asperger

Paul Nelemans

'Asperger? Nooit van gehoord.' Dat was de reactie die wij gaven toen in een jeugdpsychiatrisch ziekenhuis uiteindelijk de diagnose werd gesteld. Toch werden dingen ons meer duidelijk naarmate wij ons meer in het onderwerp verdiepten.

Tot Henk een jaar of acht is merken we aan hem niet veel bijzonders. Ook zijn er rond de zwangerschap en de geboorte geen bijzonderheden. Henk is een leuk joch dat zich vlot en probleemloos ontwikkelt. Hij maakt beslist een normale jeugd door. Als we nog terugkijken van de filmopnamen van zijn jongere jaren dan zien we geen van de eigenschappen die later bij Asperger zouden horen. Hij staat als kind met de muziek mee te dirigeren en kan heel goed de muziek invoelen. We hebben een goed contact met hem en hij luistert ook goed naar ons. Op de kleuterschool (de eerste twee groepen van de basisschool) is hij wel wat druk en vraagt wat meer aandacht. Ook is er een langdurig traject met plaswekkers en zo.

Op achtjarige leeftijd beleeft Henk een traumatische ervaring. Zijn grootvader is dan ernstig ziek en overlijdt vrij plotseling. Zijn opa is voor hem heel belangrijk en is een vertrouwenspersoon voor hem. Na het overlijden van zijn grootvader is Henk bang in het donker en houdt het onderwerp dood hem sterk bezig.

Als Henk in groep 5 van de basisschool zit krijgen we onze eerste vraagtekens. De oudere leerkracht vindt Henk maar lastig, want hij is anders. Hij praat als een volwassene in zakformaat en vraagt meer aandacht dan andere kinderen. Ook loopt hij (dwangmatig) kleine rondjes in de klas en kan niet stilzitten. 'Juf, hij doet het weer,' roepen de kinderen dan. En de juf reageert daar weer geïrriteerd op. Een persoon met Asperger reageert sterk op sfeer. Dus dit blijkt geen goede aanpak te zijn. Schriftjes met gedragsregels blijken wel wat te helpen omdat ze wat structuur geven.

Henk blijkt op school en later ook buiten school veel te worden gepest. *Dat komt wel vaker voor,* is dan je eerste gedachte. Hij probeert ruzie op een volwassen manier op te lossen en komt daarin ouder over dan andere kinderen. Andere kinderen beginnen gelijk te knokken waar Henk alleen afweert en het uit wil praten. Later zou blijken dat hij als Asperger ruzie niet begrijpt. Henk ziet verbaal geuite bedreigingen van ouders en kinderen als reëel. De sociale problemen proberen wij als ouders met hem te bespreken. Ondanks dat ik probeer tijd en momenten te creëren voor contact en vertrouwen, leidt dit echter niet tot het oplossen van de problemen. Duidelijk wordt wel dat Henk teleurgesteld is als al zijn goed bedoelde inspanningen niet tot succes leiden. Om zijn weerbaarheid te vergroten gaat hij op karate, om zichzelf te kunnen verdedigen tegen het steeds in elkaar geslagen worden.

De Onderwijsbegeleidingsdienst (OBD) wordt ingeschakeld. De OBD merkt op dat Henk een nerveuze indruk maakt. Hij vraagt veel aandacht van zowel de leerkrachten als van de kinderen in zijn groep. Hij is erg vaak op zoek naar contact, wat hem in de praktijk niet lukt. Henk bereikt veelal juist het tegendeel; zijn gedrag irriteert andere leerlingen. De leerkrachten proberen hem in dit laatste te ondersteunen maar het lukt maar niet om hem bij de groep te betrekken. Het is net alsof Henk heel graag contact wil maar niet weet hoe hij dat moet realiseren.

Opvallend is op school zijn motorische onrust, zijn ongeremdheid in reacties (ongevraagd allerlei mededelingen door de klas roepen), soms gespannenheid en verbale ondersteuning bij de meeste uitvoerende onderdelen. Ook zijn onrustige manier van werken valt op (onder andere heel explosief starten met het werk na de opdracht van de leerkracht). Hij kan het beter met volwassenen vinden en trekt in die tijd veel meer op met de conciërge van school dan met zijn klasgenoten.

Op de speelplaats valt zijn gedrag extra op en is Henk vaak betrokken bij conflicten. Hij heeft moeite om zich aan groepsregels en afspraken te houden en verstoort de rust in de klas: niet op een opvallende manier, maar hij weet vaak de aandacht te trekken op een negatieve manier. Verder komt Henk verbaal erg intelligent over. De leerresultaten op de basisschool zijn redelijk en zijn werkhouding kenmerkt zich door gezagsgetrouwheid. Henk werkt omdat het moet en maakt gehaast zijn taken af.

Met topografie hoeft hij maar even naar de bladzijde te kijken en kent dan alles al uit zijn hoofd. En nog lange tijd daarna kan hij die kennis vasthouden. Later komen er ook problemen met concentratie. Tijdens de opdrachten op school dwalen zijn gedachten regelmatig af. Zijn motoriek is houterig, zijn handschrift is slordig. Verder valt op dat Henk zeer beweeglijk is: Henk kan niet stilzitten/-staan. Ondanks dit alles geeft Henk de indruk met plezier naar school te gaan. Opvallend is verder zijn gevoeligheid voor sferen en emoties, waarbij Henk heel goed kan troosten.

Op school zit hij inmiddels achteraan in de klas. Hij 'scharrelt' door de klas terwijl hij zich dan ongevraagd met anderen bemoeit, veelal op een belerende toon. Testresultaten geven aan dat Henk de leerstof gemakkelijk aan zou moeten kunnen. Tijdens het onderzoek van de Onderwijsbegeleidingsdienst presenteert Henk zich als een enthousiast, welwillend en gretig kind. Hij geniet zichtbaar van het een-op-eencontact. In het gesprek is Henk open. Henk meldt dat hij gemakkelijk vriendjes kan maken met behulp van een ruilsysteem (materieel).

Daarnaast vertelt Henk op nuchtere toon en haast koele wijze dat hij veel geplaagd wordt. Henk weet de plagers bij naam te noemen. Op de vraag of Henk dan niet erg boos is op die kinderen antwoordt Henk: 'Ja, en dan wil ik graag karate doen, maar dat mag niet van de karate-meneer!' De karateleraar had inderdaad gezegd dat karate alleen als sport gebruikt mag worden. En Henk, gezagsgetrouw als hij is, houdt zich daaraan.

Tijdens de opdrachten dwalen zijn gedachten regelmatig af, getuige het spelen met het werkmateriaal. De opdracht die onder andere het knippen en plakken van plaatjes omvat wordt ongecontroleerd uitgevoerd en in een van de norm afwijkende volgorde, hetgeen resulteert in een slordig werkje en overal lijm.

De door de leerkrachten geobserveerde intelligentie komt niet duidelijk naar voren in de testresultaten. Wel is zijn verbale begaafdheid iets sterker dan de performale (als het onderdeel rekenen niet meegerekend wordt), doch dit verschil is niet significant. De testresultaten geven wel aan dat Henk de leerstof gemakkelijk aan zou moeten kunnen. De matige resultaten op dit gebied lijken dan ook te wijten aan een andere oorzaak, namelijk een gebrek aan adequate werkhouding en concentratie. Dit zou een gevolg kunnen zijn van de problemen die Henk heeft op sociaal-emotioneel gebied. De uitingen die Henk hieraan geeft in dit onderzoek geven aan dat het hem behoorlijk bezighoudt.

Gezien het functioneren van Henk in de groep, de hulp die reeds geboden is en niet voldoende geholpen heeft, en de mate waarin de problemen hem bezighouden wordt door de OBD aangeraden professionele hulp te zoeken. Henk wordt doorverwezen naar een praktijk voor psychologische en pedagogische advisering. Daarbij moet ook de school aandacht blijven besteden aan de problemen van Henk, waarbij de wijze waarop zo mogelijk afgestemd moet worden op de therapie. Dat heeft natuurlijk nogal wat impact op het gezin en vooral op Henk. Maar thuis (in zijn veilige omgeving) repareert hij met grote concentratie en met succes allerlei defecte apparaten. Mensen in zijn omgeving zijn verbaasd over deze aanleg.

Inmiddels heeft een volgende schokkende ervaring zich voorgedaan. Een dochter van een vriendin van ons, die vaak bij ons oppaste, pleegt zelfmoord. Weer een vertrouwenspersoon weg. Ook dat heeft een grote invloed op hem. Volgens de praktijk voor psychologische en pedagogische advisering is Henk een aardig, goedwillend, opgewonden en stemmingsgevoelig kind, bij wie de emotionele ontwikkeling ver achterlag bij de intellectuele ontwikkeling. In hun verslag staat het volgende: 'Vooral agressieve impulsen zijn voor Henk beladen en problematisch: er is sprake van angst voor eigen agressie, voor agressie van anderen, het afkeuren van agressie en daardoor ook problemen met rivaliteit. De vraag hierbij was of met name Henks persoonlijkheid en opstelling uitlokt tot pesterijen of dat de langdurige geschiedenis van pesterijen stagnaties in Henks sociaal-emotionele ontwikkeling heeft veroorzaakt. Als gekeken wordt naar zijn persoonlijkheid, dan zijn lichte symptomen van een eventuele atypische pervasieve ontwikkelingsstoornis opmerkelijk: niet soepel in de omgang, neiging tot isolering van het affect, rekenproblemen, soms een fantasie als werkelijkheid voorstellen. In de anamnese valt Henk op als een druk, impulsief, niet goed luisterend kind, overigens wel goed te hanteren voor de ouders. Ik besloot een speltherapie met Henk te starten, met als doel zijn emotionele ontwikkeling en zijn assertiviteit te bevorderen.'

De symptomen doen een eventuele ADHD-problematiek vermoeden, met name door de opvallende onrust, maar ook motorisch, zijn opwinding en niet tijdig kunnen stoppen. De praktijk voor psychologische en pedagogische advisering verwijst naar een neuroloog.

De neuroloog kan na een paar sessies echter geen ADHD constateren, maar schrijft wel Ritalin voor om te zien of dat enig effect heeft. De Ritalin geeft geen verbetering maar veroorzaakt wel enorm enge dromen bij Henk. Hij kan zich steeds minder goed concentreren. Maar is wel zeer intelligent. Later zou blijken ook hoger begaafd. Volgens de citotoets vwo/havo.

Thuis beginnen er (in groep 8 van de basisschool) ook problemen. Hij is soms 's nachts ineens weg. Hij loopt dan over straat na uit een zolderraam via het dak naar beneden geklommen te zijn. Bij terugkomst heeft hij dan heel sterke fantasieverhalen waar hij zelf in gelooft. Ook zijn er steeds vaker pakken snoep en koek weg. De verpakkingen vinden we onder zijn bed. Maar nee, hij heeft het niet gedaan. Ook valt zijn slechte lichamelijke verzorging steeds meer op. Bij alles probeert hij anderen de schuld te geven en hij is een meester in het verdraaien van situaties. Waardevolle spullen moesten achter slot en grendel. Hij maakt geen verschil tussen wat van hem is en wat van anderen is.

Bij de overgang naar het voortgezet onderwijs ging het helemaal mis. Was er op de basisschool basisschool nog sprake van een overzichtelijke en vertrouwde omgeving, op het voortgezet onderwijs waren er opeens een heleboel leerkrachten die allemaal hun eigen lokaal hadden. Dat hadden we eerst niet in de gaten, tot we als ouders op school werden uitgenodigd. Henk was veelal niet in de les, maar wel op school. Kreeg een aantal keer een psychose. Leerlingen waarschuwden de schoolleiding dat hij in de buurt van het spoor liep en er helemaal mee wilde stoppen. Hij hoorde ook stemmen in zijn hoofd. Die konden overigens met hypnose worden weggehaald.

Henk wordt opgenomen in een jeugdpsychiatrisch ziekenhuis. In eerste instantie komt hij op een gesloten afdeling terecht. Daar zijn louter gestoorden en psychotische mensen ... Dat blijkt niet bevorderlijk voor iemand met Asperger. Henk vraagt zich tot op heden nog steeds af waarom iemand met een contactstoornis (wat later bleek met Asperger als diagnose) tussen zulke zware gevallen heeft moeten verblijven. Contact maken wordt hem geleerd via sociale vaardigheidstraining. Dit blijkt in de praktijk niet makkelijk uit te voeren omdat de afdeling waar hij verbleef louter zware gevallen van psychotische en dwangneurotische jongeren huisvestte. Henk is de enige met Asperger op deze afdeling. Uiteindelijk is op de halfopen afdeling resultaat geboekt en daar wordt de diagnose Asperger vastgesteld.

Door de psychiater wordt Asperger als volgt uitgelegd: Asperger komt meestal voor bij jongens. Door Hans Asperger in zijn proefschrift in 1943 genoemd: typisch patroon van vaardigheden, tekortkomingen en gedrag. Dat patroon kenmerkt zich in de eerste plaats door een gebrek aan invoelingsvermogen en problemen om vriendschappen te sluiten met leeftijdsgenoten. Hun taalgebruik is meestal grammaticaal correct, maar vreemd: bijvoorbeeld te volwassen, aanstellerig, hooghartig en de communicatie bestaat vaak uit eenzijdige conversaties. Vaak worden ze volledig opgeslorpt door een bepaalde interesse. Ze verzamelen soms op dwangmatige wijze nutteloze dingen. Soms zijn ze echt expert in hun interessegebied en weten alles over getallen of scheikunde of kennen het hele tramnet van Wenen uit hun hoofd. Of weten alles van astrologie. Mensen met Asperger kunnen een of meer van deze eigenschappen hebben. Het is geen toestand om je voor te schamen, maar een om met trots uit te dragen. Mensen met Asperger zijn over het algemeen: eerlijk, loyaal, betrouwbaar, recht door zee, ze hebben een hoge morele code, een groot gevoel voor rechtvaardigheid, een goed geheugen, enthousiasme en kennis van een speciaal onderwerp. Ze hebben een originele manier van denken, goede verbeeldingskracht en een opmerkelijk vermogen om in beelden te denken. Samengevat komt het erop neer dat ze moeite kunnen hebben waar meer emoties tegelijkertijd komen. Vaak leven mensen met Asperger voor één ding. Voorbeelden van mensen met Asperger zijn Albert Einstein en Bill Gates. Heel intelligente mensen, die buiten hun interessegebied weinig aandacht hebben voor andere zaken. Briljant, maar je moet ze niet op een feestje uitnodigen, want daar kunnen ze niet zo goed mee omgaan.

Kenmerken van Asperger:

·   Zich niet bewust zijn van de ongeschreven regels in het sociale spel.

·   Onvermogen en geen zin met leeftijdsgenoten op te trekken vanuit de wens controle op activiteiten te houden.

·   Op zichzelf gericht, maar niet egoïstisch.

·   Kan het speciale gedrag voor een bepaalde situatie/omgeving niet goed beoordelen. Vertoont daarom soms vreemd (sociaal/emotioneel) gedrag.

·   Soms dominant. Sociaal gedrag wordt getolereerd, zolang dat volgens zijn regels verloopt.

·   Niet geïnteresseerd in teamspel of competitie.

·   Verwarring bij plagen, sarcasme, doen alsof, leugens.

·   Kan door emoties van anderen in de war raken en moeite hebben gevoel uit te drukken (soms giechelen bij verdriet of pijn). Zegt soms dingen anders dan bedoeld.

De psychiater beoordeelt Henk als bovengemiddeld intelligent. Er is bij hem geen gebrek aan snapvermogen. Met meerdere emoties, veranderingen en psychische druk heeft hij soms problemen. Henk heeft wat meer momenten van rust nodig om dingen te verwerken. Er is geen reden om hem geen verantwoordelijkheid te geven. Henk wordt in deze contactstoornis in het autismespectrum minder geremd bij onderwerpen waarin hij zich veilig voelt. Zoals computers, techniek, muziek en organisatietalent. Hierdoor leeft Henk wat geïsoleerd, omdat juist dit de dingen zijn waar hij voor leeft. Je kunt hem dus niet makkelijk voor andere taken inzetten, omdat hij dan weer autistische eigenschappen vertoont en zelfs het risico bestaat dat hij hierdoor een terugval en een psychose krijgt. De problematiek zit meer in de sociale omgang, waar de contactstoornis een rol speelt. Er bestaan in de hersenen meerdere centra die elkaar controleren en filteren. De fijne afstemming daarvan hapert soms bij Henk. Daardoor lijkt het non-verbaal alsof Henk iets begrijpt, terwijl dit bij controle niet zo is. Voorbeeld: Henk komt binnen (zonder te checken of zijn binnenkomst gewenst is of dat hij stoort) geeft een hand (zodanig recht door zee en bijna bedreigend dat het opvalt) en stelt gelijk de vraag: 'Waar wilt u het over hebben?' Het gesprek loopt dan wel, maar voor een niet-getrainde is het gesprek wel vreemd (kijken, vormelijkheid, toonhoogte, weglaten van essentiële informatie en eigen spoor volgen). Wel blijkt de taal en intelligentie aanwezig, maar niet het afstemmen van woord en gebaar, alsmede rol versus verwachtingen.

Wij leren er als ouders mee omgaan. Er zijn in het hoofd van Henk onbelemmerde gebieden en belemmerde gebieden. In een belemmerd gebied reageert hij hetzelfde als een autist. In zijn onbelemmerde gebied ervaart hij nagenoeg geen belemmering. Nu is Henk een Asperger in het hogere segment en hoger begaafd. Dat betekent dat Henk snel aan kan leren en nieuwe situaties snel bij zichzelf programmeert. Mensen die hem niet kennen merken het nauwelijks. Totdat Henk in een vreemde situatie komt die hij niet eerder heeft meegemaakt. Dan is Henk een autist in verwarring. Henk denkt vaak heel letterlijk. Het is belangrijk duidelijk te zijn. 'Het is nu tijd om je kamer op te ruimen' in plaats van 'het wordt tijd'. In een ander voorbeeld: 'Kom je na het feest thuis?' Dat is niet duidelijk genoeg, want voor hem is de volgende morgen 11 uur ook na het feest. Je moet dus tegen hem zeggen: 'Het feest is om 2 uur afgelopen dus ik wil dat je een uur daarna, dus om 3 uur, thuis bent.' Dan kon je er de klok op gelijk zetten dat precies om 3 uur de sleutel in de deur kwam.

Henk kan zich bepaalde vaardigheden aanleren om zijn gedrag te compenseren. Hij kan situaties die hij intuïtief niet aanvoelt zelf in regels vatten en kan deze regels pijlsnel uitvoeren. Maar hij drukt zich soms in taal anders uit dan hij bedoelt. Net als wij houdt Henk een gesprek in gang met 'humhum' en herkent beslist het onderwerp in de woorden. Lichaamstaal: 'Ik weet het al lang.' Wij houden met 'humhum' een gesprek gaande, maar bevestigen tevens dat we het begrepen hebben. Henk zegt 'humhum' na een zin omdat het zo hoort, niet omdat hij het begrepen geeft. Dus zijn controlevragen nodig of het hem in eigen woorden laten uitleggen.

Aan het ziekenhuis is ook een school verbonden die op meerdere niveaus les kon geven. Hoewel de school ook gespecialiseerd was, bleef normale communicatie met leerkrachten moeilijk. De leerkracht zei tegen de klas: 'Pak allemaal je boek. Op pagina 25 staan 5 opgaven, die moet je maken en de volgende pagina staat een raadsel. Dat moet je oplossen. Duidelijk?' 'Ja,' zegt de klas. 'Ja,' zegt Henk. Vervolgens zegt de leraar: 'Oké, begin dan maar.' Vervolgens begint de hele klas, behalve Henk, want die heeft geen idee wat Henk moet doen. Henk zegt namelijk 'ja' omdat Henk geleerd heeft dat je aan het eind van een zin moet bevestigen dat je het gehoord hebt. Maar het was geen bevestiging dat Henk het ook begreep.

Een autismespectrumstoornis zorgt ervoor dat iemand op een bepaald moment niet verder komt.

Voorbeeld: Een autist drukt op de deurbel om binnengelaten te worden. In plaats van de deur open te doen spreekt iemand door een luidspreker: 'Wie is daar?' De autist begrijpt dat niet en drukt opnieuw op de deurbel omdat hij wil dat de deur opengaat. Hij legt dus niet het verband tussen de deurbel en de luidspreker.

Voorbeeld: Henk slaat zijn arm om iemand heen. Dan kan iemand dat prettig vinden of niet. Henk merkt dat niet. Ik moet dan tegen hem zeggen: 'Als die persoon verstijft, dan vindt hij of zij dat niet prettig.' Henk programmeert dan in: als ik mijn arm om iemand leg en hij of zij verstijft, dan moet ik mijn arm weghalen. En anders kan ik gewoon doorknuffelen. Je ziet dat het bijna normaal is. Maar Henk voegt dus voor zichzelf regels toe als procedure die hij heel snel afwerkt. Mensen die hem niet kennen merken het nauwelijks. Totdat Henk in een vreemde situatie komt die hij niet eerder heeft meegemaakt. Dan is hij een autist in verwarring.

Licht en geluid is het gebied waarin Henk het minst belemmerd is. Mensen met Asperger hebben vaak een gebied waar ze alles van weten zonder daar echt voor geleerd te hebben. Het is zomaar beschikbaar. Als we samen met Henk naar de Efteling gingen had hij meer aandacht voor de spots en de kleurenfilters dan voor de attracties. 'Kijk pap, dat is een Par met kleurfilter 126.' Daar ging hij helemaal in op. Zijn voorkeur gaat uit naar theatertechniek.

Henk kon informatie die hij 's morgens hoorde nog in de middag gebruiken, maar de volgende dag was het weg. Lastig als je examen moet doen. Dus geen diploma van het voortgezet onderwijs. Dus lastig om een vervolgopleiding te doen of een baan te vinden. Na het stranden op school en het ontslag uit het ziekenhuis was het tijd om te gaan werken. Want doorleren kon niet omdat hij geen diploma van het voortgezet onderwijs kon halen. Niet eenvoudig, want je kunt hem niet zomaar achter de kassa zetten bij Albert Heijn. Dus werd door het UWV naast de toegekende Wajonguitkering een bureau ingeschakeld voor re-integratie.

Hij bleek onbemiddelbaar. Het UWV dacht nog even dat het aanstellerij was omdat ze zo op het oog weinig aan Henk merkten, zelfs zonder zijn dossier te raadplegen. Pas toen het re-integratiebureau opening van zaken gaf werd het ze duidelijk dat hier meer achter zat. Henk doet diverse stages. Maar niemand wilde hem zonder diploma en ervaring aannemen. Ook was er een stage in een professioneel theater. Toen de begeleider van het re-integratiebureau samen met Henk een rondleiding kreeg, zag de begeleider ineens Henk veranderen. Want hij was nu in een veilige omgeving en was ineens een volwassen jongen die onbelemmerd leek te zijn. Het hoofd theatertechniek liet een proefopstelling zien met theaterbelichting. Henk noemde het nummer van het kleurenfilter en zei dat het jammer was dat ze niet een ander filter gebruikt hadden. Hij noemde ook daarvan het nummer. Omdat de sfeer dan beter getroffen zou zijn. Het hoofd theatertechniek was zeer verbaasd en heeft later voor de grap het kleurenfilter vervangen. Het bleek te kloppen en de nieuwe kleur werd in de voorstellingen gebruikt.

Een Wajonguitkering is voor iemand met Asperger heel belangrijk, want het geeft vertrouwen en zekerheid. Als diskjockey en als licht- en geluidsman heeft hij veel werk verzet. In eerste instantie door vrijwilligerswerk in buurthuizen. Hier en daar zelfs betaald maar dat werd dan gelijk gekort in de uitkering. Maar Henk blijkt een doorzetter. Henk kan niet bij bedrijven geplaatst worden dus gaat hij naar de Kamer van Koophandel en schrijft zich in als eenmanszaak. Hij verhuurt zijn apparatuur en ook zichzelf. Met de Wajonguitkering als veilige basis. Hij wordt door licht- en geluidsbedrijven ingeschakeld. Vaak voor een enkele klus en meestal onbetaald. Soms krijgt hij in plaats van geld gebruikte apparatuur. Maar voor Henk is het een mogelijkheid zich te ontwikkelen. Hoe verder hij komt, hoe vaker hij betaald wordt. Hij is door zijn ervaring welkom bij licht- en geluidsbedrijven en verzorgt er naast licht- en geluidstechniek ook het onderhoud van de apparatuur. Kon hij op het voortgezet onderwijs geen informatie vasthouden, in zijn onbelemmerde gebied kan hij dat wel. Een grote nieuwe geluidstafel kan hij snel bedienen. Hij kent ieder knopje. En zuigt de kennis in zich op. Henk maakt het goed, is achter in de twintig en runt zijn eigen bedrijf binnen een voor hem veilig gebied. En omdat Henk zijn bedrijf vanuit zijn huis doet, is ook dat een veilige omgeving. Soms verdient hij zelfs bijna op het niveau van de Wajong uitkering, waarbij hij natuurlijk voor hetzelfde bedrag wordt gekort. Met de recessie gaat dat soms wat minder. Maar de Wajonguitkering houdt hem overeind.

(Vanwege privacy zijn namen gefingeerd).

'Heb ik dat?'

Ja, dat heb jij.

Juist daar

Daar waar mijn spreken stamelen wordt
waar mijn voeten de grond verliezen
waar ik mij niet meer kan verschuilen
achter mooie woorden en comfort
ja, juist daar komen wij samen
dit is de weg die ik werkelijk ga
zodat ik met vele omwegen merk
dat het niet de weg was
die verborgen is
maar ikzelf
want de weg en ik zijn een

Josefien Harmsen, autisme-coach

De vogel en een kind

Verhuizen is als een vogel
van bloem tot bloem
zoekend naar een lekkernij
Door dozen te vullen en verplaatsen
En vrienden te verlaten maakt dat
Een kind nog niet blij

De vogel zingt al zoekend naar een vriend
Vrienden en herinneringen vervagen
Naar de nieuwe kan men nog niet vragen

De vogel vindt een vriend en bouwt een nest
Als een kind op de nieuwe school
weer eens is gepest
Verlangt het terug naar het oude nest

En als in mei het vogelvriendje legt haar ei
En op een dag het kind voor de verandering eens blij kan zijn
Is het als de vogel zo vrij
Van bloem tot bloem van boom tot boom zingend van tak tot tak

Zo blij als wat
De vogel en een kind

Jeroen van Luiken-Bakker

Afkomstig uit het boek *Verloren uurtjes*
ISBN: 978 9492 469 021

Hallo Aarde ... (2)

Tycho Hoogstrate

Valt autist zijn best mee zoals ik in de vorige column schreef? Autist zijn is voor mij niet echt de uitdaging, dat ben ik al heel mijn leven. De beperkingen die ik heb gaan zij aan zij met extra mogelijkheden en het is maar net welke van die twee ik de meeste aandacht geef. Wat ik eigenlijk pas echt moeilijk vind, is mens zijn! Leiding geven aan dit vat vol tegenstrijdigheden, wispelturigheid en vooral die ongecoördineerde emotie, dat is nog wel de moeilijkste opdracht.

Ik ervaar mijn autisme dan ook veel meer als een sausje dat over mijn gedrag en denken is gegoten, diep vanbinnen verschil ik niet zo veel van de rest. Het voelt voor mij veel meer alsof mijn autisme meer het 'omgaan met' bepaalt en veel minder de 'oorzaak van' is! Daar is-ie weer, het beroemde vraagstuk. Wie was er eerst, de kip of het ei? Het antwoord is natuurlijk geen van beide want eerst was er een vis die pootjes kreeg.

Mens zijn dus. Ik ben niet emotieloos, in het geheel niet, maar ik kan zo snel niet wijs uit die veelheid en omvang van mijn emoties. Soms, op momenten van veel en hevige emoties, lijkt het wel alsof ik in een storm beland ben. Van alles raast dan door mijn kop en ik kan mij bijna niet meer concentreren op wat er nog gezegd wordt, zo alles overheersend is de chaos.

Zoals zo vaak kies je in je kinderjaren voor een oplossing die onder die omstandigheden goed lijkt te werken, ook ik. Maar ja ... volwassen worden en kinderlijke oplossingen voor moeilijke situaties gaat niet echt lekker samen.

Mijn oplossing was om zo'n emotiestorm maar gewoon uit te zitten. Ik kroop in de schuilkelders van mijn brein en wachtte tot de wervelwind geluwd was, zodat ik er weer wat wijs uit kon worden. Voor de buitenwereld betekende dit dat ik onbereikbaar werd, niet meer communiceerde en mijzelf verstopte onder de dekens of bij gebrek aan dekens volledig verstarde en bevroor. Het was een zeer afdoende oplossing als je al twaalf jaar oud bent! Als ik, om wat voor reden dan ook, toch moest communiceren, dan was er maar één emotie die sterk genoeg is om nog de boventoon te voeren. Woede, een alles verdrukkende woede.
Dus de keuze was laat mij met rust of ik explodeer, niet echt een gemakkelijk persoontje dus. En allemaal omdat ik eigenlijk niet goed wist hoe ik met mijn overweldigende rijkdom aan emoties moest omgaan. Eigenlijk best

wel zonde als je het verschil niet goed snapt tussen gevoelens van liefde, verdriet, blijdschap, onmacht en boosheid, laat staan dat je ze adequaat kunt uiten.

Het moeilijkste was nog wel om weer te beginnen met praten als ik eenmaal weer klaar was om de schuilkelders van mijn brein te verlaten. De drempel om weer je mond open te doen als die eerst op slot is gegaan is erg hoog. Vaak lukte het gewoon niet meer en duurde het een dag of langer voordat ik weer kon of durfde te praten.

In de pubertijd werd dit omgaan met emoties niet makkelijker met die rondgierende hormonen in je lijf. Knullige zelfmedicatie met alcohol en THC om het overzicht te houden was het gevolg. In al die jaren kwam het niet in me op om gewoon eens hierover te praten met iemand anders. Maar ja, de weg vragen als ik een adres niet kan vinden is iets wat ik nog steeds vertik. De hulpvraag is voor mij de moeilijkste vraag die er is.

Uiteindelijk, na twintig jaar worstelen met mijn gevoelsleven, of zoals je wilt: spartelen in de zee van emotie, kwam dan toch land in zicht. Het leven is niet erg gemakkelijk voor je als je dagen, soms weken van slag bent nadat je ruzie hebt gehad op werk of thuis. Dat is bijzonder vermoeiend kan ik je vertellen.

Langzaam begon het kwartje te vallen dat het weleens slim kan zijn om geen stuwmeer aan gemixte emoties te laten ontstaan, maar ze weg te werken door erover te praten op het moment dat ze ontstaan en nog klein en zuiver zijn. Het is het ontwarren van de brij aan gevoelens waar ik moeite mee heb. Contacten voor langere tijd onderhouden met eenzelfde persoon waren tot nu toe het moeilijkst. Met langere tijd bedoel ik dan tien jaar of langer. Omgaan met vreemden en mensen waar ik verder geen binding mee heb, gaat redelijk. Maar zodra een persoon dichterbij komt te staan en er vriendschap ontstaat verandert er iets in mijn houding.

Op de een of andere manier bouwt zich aan mijn kant in de loop van de tijd een hoop onuitgesproken frustratie en ergernis op die te groot wordt. Die 'hoop' komt bijna letterlijk tussen mij en de persoon in te staan en ontneemt mij het zicht op de werkelijke persoon! Gevolg: einde vriendschap, zonde natuurlijk. Waarom ik het zo moeilijk vind direct tegen die persoon te zeggen wat ik voel en het stuwmeer van frustratie niet te laten ontstaan, daar snap ik nog steeds niks van. Maar ... nu ik het proces een beetje zie besteed ik aan dit aspect van vriendschap meer aandacht en probeer ik relaties 'zuiver' en transparant te houden. Dit communiceren is soms doodeng en het zweet breekt me er soms bij uit omdat ik toch stukjes van mijzelf blootgeef die ik normaal niet deel.

Gelukkig is de beloning, in de vorm van opluchting en vooral het heldere zicht op de ander zonder ballast, fantastisch. Ik kan me dan erg verbonden voelen met de ander, het hele arsenaal van goede gevoelens en emoties kan weer vrij stromen. Deze verdieping in het communiceren met mijn omgeving heb ik nog niet eerder meegemaakt. Het is intensief en vraagt veel energie, maar maakt het leven een stuk leuker.

Beetje bij beetje begin ik te snappen hoe dat werkt, dat 'mens zijn' en dat op mijn 41e.

'Wat in het vat zit verzuurt niet.'

En zuurkool dan?

Leak Clouds
door
Floris Dox

Waar zijn we nu eigenlijk helemaal mee bezig?

Fragmenten uit: *Een autismografie - in gesprek met mijn autisme*
Door *Jeroen van Luiken-Bakker*

Familie is belangrijk voor je, hè? Jazeker. Ik vind het ook ontzettend jammer dat ik zelf geen kinderen heb, ik had graag de lijn van oudste Bakker doorgezet, maar de seksuele frustratie laat het niet toe, die constante strijd om het wel of niet homo zijn. Ontstaan door de vele pesterijen waarin ik voor homo werd uitgemaakt, uiteindelijk, als het je maar vaak genoeg wordt gezegd, ga je aan jezelf twijfelen. Om nog maar te zwijgen van het probleem dat jij veroorzaakt in mijn hoofd, en dan bedoel ik de beperkingen van een sociaal leven. Leven met één Jeroen Bakker is al moeilijk genoeg, laat staan dat daar nog een gezin bij gaat komen, dat kan ik niet aan, alhoewel ik hoop dat ik wel ooit kan gaan samenwonen. Daarnaast heb ik zo veel hobby's dat ik me afvraag of ik nog wel tijd zou hebben voor een gezin.

Jij zegt toch altijd: 'Ik houd van de mensen zoals ze zijn, hun gedrag niet hun verschijning bepaalt of ik iemand aardig genoeg vind om mee verder te willen'? Ja, dat is wel zo, maar een gezin is echt iets waar je heel goed over moet nadenken. Ik wil geen huwelijk met kinderen om na een paar jaar gedag te zeggen tegen elkaar, daarnaast vind ik dat ik als man in het onderhoud moet voorzien van mijn gezin. Ik ben op dit moment niet in staat om een baan te vinden waarin ik genoeg zou kunnen verdienen om een gezin te ondersteunen.

Toe nou, tegenwoordig werken zowel mannen als vrouwen voor het inkomen, kijk eens naar Dino en Birgit, die doen het zelfs andersom, zij werkt en hij zorgt voor de kinderen. Ja, en bij Frans is het net zo. Maar daarom hoeft het bij mij toch niet zo te zijn? Ik bedoel, ik weet dat ik ouderwets ben. Mijn moeder zei dikwijls dat ik honderd jaar te laat ben geboren, ik had qua manier van etiquette toepassen zonder meer in het Victoriaanse Engeland van de jaren 1860 kunnen leven. Helaas is dat niet het geval en moet je realistisch blijven. Het heeft me jaren gekost om te accepteren dat ik niet degene zal zijn die als eerste een gezin zou stichten en kinderen zou krijgen. Ik mis dit nog elke dag. Maar de complicaties die dat met zich mee zou brengen zijn voor mij gewoonweg niet te bevatten. Mijn gehele routine zou naar de knoppen gaan.

Bovendien vind je kleine kinderen eng, alsof het een besmetting zou zijn. Ja, nu ga je wel erg ver. Ik ben inderdaad bang voor kleine (pasgeboren) kinderen. Ik ben altijd bang dat ik ze laat vallen of dat ik ze te hard vastpak. Je moet begrijpen dat ik niet echt controle heb over mijn eigen kracht. Daarnaast heb ik als kind op school ooit een jong konijntje laten vallen dat het niet overleefde, vanaf dat moment vind ik het doodeng om iets kleins en teers vast te houden zoals een pasgeboren kindje. Als ze het jaar passeren wordt het voor mijn gevoel pas tijd dat ik de kinderen durf aan te raken.

Zelfs op de foto met Thys durfde je pas toen hij een paar dagen oud was. Daar komt nog bij dat ik eigenlijk erg jaloers was dat zij (mijn zusje) als eerste van ons een kindje kreeg. Mijn fragiele hoop om de familielijn als eerste voort te zetten is nu definitief om zeep geholpen.

De relatie met je zuster, zusje!, was ook niet altijd even best, nietwaar? Ja, dat is waar, maar waarom breng je dat nu weer naar voren?

Toen ze nog een klein meisje was, was je dol op je zusje en je was apetrots. Ja. Je vertelde al aan iedereen dat je een zusje zou krijgen, zelfs nog voordat je moeder zelf goed en wel wist of ze zwanger was en dan was het nog maar de vraag of je een zusje zou krijgen van je ouders. En je liep dat ronduit te vertellen tegen iedereen en als de mensen het niet wilde horen ging je er juist dieper op in. Je bleef je moeder maar vragen of er echt een kindje in haar buik zat want dat kan toch niet: 'Je hebt er toch niet op gekauwd, hoe kan het dan in je buik zitten?' Je was tevreden, als jochie van drie jaar, dat je vader en moeder je vertelden dat de dokter erbij had geholpen om het in de buik te krijgen. Maar je had ook direct een wedervraag: 'Helpt die dokter dan ook het kindje weer uit de buik te halen?' 'Ja hoor,' was de reactie en toen was je gerustgesteld want je maakte je best zorgen om dat kindje daar in die buik. Op een dag moest je naar opa en oma, je wist waarom want mama moest naar de dokter om het kindje uit de buik te halen. Toen je vader de volgende dag je vol trots kwam vertellen dat Marijke was geboren vroeg je direct of dat met een boormachine was gebeurd.

In het begin wilde je Marijke niet bij haar naam noemen, je noemde haar gewoon baby'tje en je vond het ook niet echt leuk want ze was een beetje eng omdat ze zo vaak moest geeuwen (of is dat gapen?) en daarom wilde je haar geen kusje geven.

Bij thuiskomst van je moeder en je zusje was het een drukte van belang, overal stonden bloemen en er was visite. Je was best trots op je zusje en je ging zelfs met haar op de foto. Wat je ouders wat minder leuk vonden was je reactie op dit alles (de drukte en de visite en een nieuw huisgenootje). Als een storm, nee, als een wervelwind was je door het huis gegaan en je hebt alles, maar dan ook letterlijk, alles overhoop gehaald. Je hebt de kasten leeg getrokken en je was niet meer voor rede vatbaar. Zie je nou wel dat jij er altijd al bent geweest, zelfs toen haalde je al mijn gedrag overhoop. *Ach, maak je niet druk, het lucht toch lekker op zo'n bui af en toe?*

Weet je nog dat je je moeder wilde helpen met het schoonmaken van het huis tijdens de zwangerschap? Nee. *Je had gezien dat je moeder met een tandenborstel de fotolijstjes en schilderijlijsten schoonmaakte. Dus wat deed Jeroentje, de fotolijstjes schoonmaken met een tandenborstel, maar wél met tandpasta, want dat moet je zelf ook elke avond doen. Goh, wat waren je ouders blij met je hulp ... Alles kon zo worden weggegooid! Ja, goed voorbeeld doet goed volgen, of toch niet ... Je gedrag veranderde op latere leeftijd meer en meer, tegenover de buitenwereld was je extreem beleefd en je beleefdheid nam vormen aan van de oude Engelse gebruiken, misschien wel bijna hoffelijk te noemen. Je zei altijd u tegen de mensen, ook als ze dat beslist niet wilden, of misschien wel juist daarom, je hield altijd de deuren open, je liet dames voorgaan, je keurde elke vorm van geweld af en al helemaal tegen vrouwen.* Ik? Met zo'n gewelddadig verleden?

Je was niet echt gewelddadig, je had je woede alleen soms niet onder controle en als je dat punt had bereikt maakte het ook niet uit wie de klappen kreeg of waarom, je was gewoonweg niet te stuiten. Je hebt het heel lang volgehouden om geen dames te slaan, en je bent er nog steeds op tegen, maar toen ze het bloed zover onder je nagels hadden weggetrokken had je geen keus meer. Maar echt helpen deed het niet, want dan werd je weer daarom gepest.

Zou er eigenlijk wel ooit een oplossing geweest zijn als we wisten wat er speelde, ik bedoel stel dat ze wisten op de Prins Bernhardschool dat ik een autist was, zou het dan een heleboel ellende voorkomen kunnen hebben of zou het alleen maar erger geworden zijn? Als ik met de kennis van nu vele dingen over kon doen? Ik weet niet of ik dat wel wil. Wat is beter, ik bedoel, ik ben wie ik ben geworden misschien wel juist door deze lange weg af te leggen en stel dat we die konden inkorten of afsnijden of zelfs een andere afslag konden nemen, ben ik dan nog wel wie ik nu ben of zal ik dan totaal iemand anders zijn? Ik zal het wel nooit weten maar ik ben blij dat ik nu ben wie ik ben ondanks alle ellende die me daar heeft gebracht.

Je beleefdheid was ook kuis, ik bedoel, je keerde je hoofd af op het moment dat er ook maar een centimeter meer bloot te zien was dan wat jij acceptabel vond. Ja, maar dat is toch ook een stukje respect voor degene die het betrof? *Nee, doet iemand enorm zijn of haar best om het leven wat spannend te maken in de jungle van ontdekkingstochten langs vele paden op zoek naar die ene leeuw of leeuwin die de ware moest zijn en wat doet meneer de jager, hij sluit de ogen en legt zijn loop op de grond en wacht tot de hinde weer is weggesprongen, als een angstig haasje zit hij in z'n holletje te wachten tot de liefde er rechtstreeks in komt kruipen. Zoals ze zeggen: 'Van goed uitzicht moet men genieten, maar van een goede vangst kan men leven.' Ach, die goede vangst die komt nog wel, je* moet namelijk wel met het juiste gereedschap jagen en de eerste de beste vangst is niet altijd de laatste.

Ik ga citeren uit het babydag-en-fotoboek van je moeder dat ze bijhield toen je in 1984 voor het eerst naar de basisschool ging. Waarom? Omdat gedragsproblemen niet alleen bij jou zaten maar je kreeg ze ook cadeau.

'De grote vakantie is voorbij. De school gaat beginnen. Maar dit school-jaar loopt anders dan verwacht. De school is basisschool geworden, dit wil zeggen dat kleuterschool en lagere school zijn samengevoegd. Maar dit wil niet altijd goed gaan. Beide kleuterleidsters melden zich ziek. Een paar dagen vrij als gevolg en de moeders vangen het op, moeders die ook kleuterleidsters zijn van beroep. Dit gaat goed. Maar de invaljuf, dit gaat niet goed. Ze heeft tegen mama gezegd, waar bovendien allerlei moeders bij staan en nota bene in de gang, dat ze Jeroen erg labiel vindt. Dat was een vreselijke dreun.

Nadat het thuis wat tot me door begon te dringen begon ik te denken. Daarna heb ik de juf benaderd die geregeld bij je in de klas zit. Die wist nergens van en vond dit zeer gek. En vertelde dat het niet waar was. Toch ben ik zeer lang onrustig geweest. Ondanks dat dokter P. vertelde dat je heel gewoon was, mama dacht dat ze alles verkeerd deed. De situa-tie werd er niet beter op. De kinderen met de grootste mond kregen het meeste de aandacht. Je moest je thuis wel heel erg uitleven en er was soms geen houden aan.

Maar er waren toch ook leuke dingen, Sinterklaas komt naar Nederland. In IJmuiden komt hij met de stoomboot aan. Dus jassen aan en snel gaan.

(na oud en nieuw) Op school is er niets veranderd. Er wordt alleen maar over en weer gepraat. Je bent nog steeds even druk thuis. En ligt dat aan het gezin? Deze vraag houdt me nog steeds bezig. En de tijd gaat verder. Je verjaardag nadert (30 mei) en je mag trakteren op school, mam heeft allemaal puntzakjes gemaakt en aan een lijntje geregen en gevuld met rozijntjes en drop en een spekje. Dat was gezellig. (...) Op school werd het

nog steeds niet beter, mam neemt een groot besluit en stapt naar de Een-hoornschool. Je bent van harte welkom. En je mag voortaan één middag of hele dag kennismaken en wennen aan de nieuwe omgeving.

Na één middag vertelde Jeroen: 'Ik ga niet meer terug naar de oude school.' Daar sta je dan, wat nu? Je vertelde op de Pleiadenschool hoe leuk en fijn je het daar [op de Eenhoornschool] *vond en dat je blijft. Dit was met beide scholen te regelen. Gelukkig maar. En Jeroen nam een dag later afscheid van de Pleiadenschool. Hallo Eenhoornschool, het ziet er gezellig uit en het is er heel erg fijn. Deze verandering was al snel te merken, je ging met sprongen vooruit. Je werd rustiger en iedereen had het in de gaten. En je vertelde nu ook eens wat je allemaal deed op school en je bleef heel erg optimistisch. Jeroen heeft heel veel geluk gehad. Hij mag nog een keer mee op schoolreisje. Hij was ook al op schoolreisje geweest van de Pleiadenschool, alleen heb je daar weinig van verteld. Je hebt niet gezegd of het leuk was of wat je hebt gedaan. Maar dit keer had je moeder nog meer oren nodig, wat een verhalen had je. Zo veel gedaan en zo veel gezien. Je was echt onder de indruk. Je bent in een groepje indianen geplaatst. De hoofdindiaan was Bregje haar papa. Hij heeft jullie met de auto naar Spaarnwoude gereden. Daar hebben jullie zelf een indianenkamp neergezet. En een spel gespeeld met alle groepen. Nu, een halfjaar later, praat je er nog over.'*

Mag ik daar nog een aanvulling op geven? *Natuurlijk, het is jouw verhaal.*

Zelfs nu, ruim 26 jaar later kan ik me er nog vlagen van herinneren. Zo veel indruk heeft dat dus op mij gemaakt, niet alleen toen maar nog steeds. Zeg, ik vind dat je een mooi stuk van mijn moeder hebt gebruikt, ik wist niet eens dat het bestond. *Zo zie je maar weer wat een bijzondere dingen je soms tegen kunt komen. Zo zie je eigenlijk wat een invloed een schoolsituatie op zo'n jonge leeftijd kan hebben op een kind.*

Ik zal ongetwijfeld niet de makkelijkste geweest zijn, want als ik iets echt niet wil gebeurt het ook niet, maar wat deze mevrouw over mij heeft verteld kan natuurlijk niet. Maar tegenwoordig zou zoiets ook minder snel voorkomen want we lopen voor minder naar een arts. *Probeer je het nou goed te praten?* Nee, maar achteraf is alles vooraf duidelijk. (Als je alles vooruit achteraf wist ...)

De eerste onderzoeken met betrekking tot jouw 'disfunctioneren' begonnen eind september 1987 op de kinderpolikliniek van het Sint Jozef Ziekenhuis te Heemskerk. Dokter Zeijlmans had je doorverwezen naar dokter Harmsen. Uit een brief van 17 maart 1988 citeer ik het volgende:

'Op school gaat het moeilijk met zijn concentratie en motoriek en spanningsboog. Hij luistert nauwelijks op school en thuis ook moeilijk. Ten tweede is hij snel moe, sneller dan leeftijdsgenootjes. Hij is hier niet benauwd bij. De laatste anderhalf à twee jaar is hij ook minder opgewekt volgens moeder en dit valt een beetje samen met bezoek aan de peuterspeelzaal, mogelijk omdat hij duidelijk minder presteert dan zijn leeftijdsgenootjes. Sinds de geboorte van zijn zusje, dat thans 2½ jaar is, is hij ook erg lastig. Hij vroeg toen veel negatieve aandacht. Sinds 1½ jaar praat hij erg hard en het is niet duidelijk of hij goed hoort. De spraakontwikkeling is vroeg en de spraakverstaanbaarheid is goed, zodat gehoorproblemen niet aanwezig lijken. (...) Jeroen luistert niet. Straf deert hem niet. Hij ziet geen remmen. (...) De grote problemen liggen, volgens moeder, op de volgende punten:*

Slechte fijne motoriek, slechte coördinatie en slechte contacten met leeftijdsgenoten. (...) In verband met de motorische problematiek werd hij verwezen naar een fysiotherapeut, die duidelijk vindt dat de coördinatieproblematiek niet altijd aanwezig is, maar slechts dan komt als de nieuwigheid van de oefeningen af is. Hij kan zich moeilijk blijven concentreren op één oefening en hij heeft verder aandacht voor alles wat beweegt. Als het uiteindelijk verveelt, gaat hij overal de kriebels van krijgen en werkt niet meer mee. (...)

Eind oktober 1987 ben ik toen begonnen met Ritaline-therapie. Van moeder hoor ik dat dit wel helpt, echter als de medicijnen 's avonds uitgewerkt zijn (hij kreeg 's morgens 1 x 5 mg), dan wordt hij zo druk alsof alle drukte van de hele dag er dan weer uit moet.'

Uiteindelijk ga je naar tweemaal daags 2,5 mg. Ritaline in combinatie met een kleur- en geurstoffenvrij dieet.

Met een IQ-test scoor je dan verbaal 107, performaal 84 en een totaal IQ van 96 en dan komt men met het advies dat je naar lom-(mivo-)onderwijs zou moeten.

En zo beland je op de Prins Bernhardschool. De omschreven problemen van toen die heb je heden ten dage ook nog, ik bedoel, straf heeft je überhaupt nooit gedeerd, sociale vaardigheden zijn ook niet je sterkste punt en je fijne motoriek laat het nog steeds afweten. Om nog maar te zwijgen van de verveling, je hebt echt een uitdaging nodig om door te gaan met iets waar je mee bent begonnen, zonder de uitdaging vind je het vaak de moeite niet waard om iets af te maken.

In 1991, 1992 en 1993 volgen nog meer tests, maar nu op school. In 1993 zit je in groep 7 van het lom-onderwijs op de Prins Bernhard, dan volgt de uitslag van een bepaalde test. Deze ziet er als volgt uit.

Prins Bernhardschool

naam: *Jeroen Bakker* geb.datum: 30 – 5 – '81
groep: 7
lk: *h. grondels*

nivo groep	3	4	5	6	7	8
rekenen			▨	█		
taal						
spelling		▨ █				
woordenschat						
techn.lezen		▨ █				
begr.lezen						
datum						

▨ sept '92
█ jan '93.

Als je dit zo ziet, dan moet er toch een belletje gaan rinkelen: waar zijn we nu helemaal mee bezig zeg. Een kind in groep 7 met deze score behoort maximaal in groep 6 te zitten, misschien zelfs wel in groep 5 maar toch niet in groep 7!? (Groep 7 is de vijfde klas voor lezers die wat ouder zijn). Je hebt hier gewoon domweg anderhalf jaar achterstand op het normale lesniveau. Bovendien heb je hier al geruime tijd bijlessen gevolgd, zowel in groep, 3, 4 als in groep 5 en nog is het niveau niet op orde. Er volgen nog meer testen.

Zo word je onder andere blootgesteld aan de WPPSI, WISC RN, Bender natekentest en IQ-testen.

De IQ-test viel nu weer lager uit dan de vorige test, Totaal Verbaal IQ: 89, zonder cijferreeks: 94 en de Sequentieerfactor (F3 IQ): 74, 10 WB IQ=97. Uitslag van de WPPSI: VIQ 107, PIQ 84. Goed, stop maar even voor je ons dood gooit met cijfers die we toch niet snappen, stond er ook tekst in deze stukken daar hebben we misschien veel meer aan. *Ja, ik zal eens even kijken, wat is boeiend genoeg om te citeren? 'Wat voor Jeroen heel moeilijk is, is het tikken van lettergrepen. Zijn ritmegevoel is zeer zwak. Tot nu toe is daar veel mee geoefend maar zonder noemenswaardig resultaat. (...) Verbaal begripsmatig op randgemiddeld niveau functionerend met relatief zwakke opname en verwerking van kort aangeboden materiaal. Het ruimtelijk redeneren verloopt een stuk onder 't gemiddelde, waarbij een zwakke detail-waarneming, een wat weinig kritische ook wat impulsieve aanpak en neiging tot roteren opvielen. De visuomotoriek verloopt eveneens een stuk onder leeftijdsniveau (ruim drie jaar) en gaf ook oriëntatieproblemen te zien. Al met al veel aanwijzingen voor specifieke leerstoornissen, zowel in de leestaal als de rekenkant. (...) Qua persoonlijkheid komt Jeroen in de eerste instantie wat kinderlijk over, hetgeen versterkt wordt door zijn grote lichaamslengte. In 't gesprekje valt dit mee. Redelijk taalgebruik en Jeroen kan ook wel duidelijk zijn eigen mening geven. Schoolbeleving komt wel pos. over, nog wel wat speelgericht. Heeft ook wel enkele vaste vriendjes op school. In de buurt lijkt hij wat kwetsbaar en lijkt hij zich thuis wat terug te trekken. Zit wel op Schaakclub.'*

Hier ziet men de eerste tekenen van dyslexie en dyscalculie. Helaas zal het tot veel later duren voordat men zich überhaupt ernstig zorgen gaat maken over je taalvaardigheden. Dit wordt ook een beetje gecamoufleerd door je ruime woordenschat en je spreekvaardigheden. Je dictees blijven slecht verlopen. Niveau groep 5 op je derde rapport van groep 7! Laten we nu eens naar een rapport kijken uit die tijd. We praten over groep 5 en groep 7, de klassen van Juf Maus en Juf Grandiek.

Laat ik nu gewoon even punten benoemen, groep 7 eerste rapport van drie: 'Aan het einde van de rekenles verslapt je aandacht, je dictees zijn nog wisselvallig, je hebt een saaie voorleestoon, je handschrift is nog wat onregelmatig.'

Groep 5, derde rapport van drie: 'De laatste twee maanden heb je met veel extra inzet (pauzes en huiswerk) geprobeerd om met de sommen zo ver te komen dat je met de groep mee kunt doen. Dit gaat nu beter. Je snapt de sommen beter. Je bladindeling gaat beter. Je gaat langzaam vooruit. (...) Je deed tijdens het schoolkamp heel leuk mee, je leek een andere Jeroen. Je gymt nog bij meester Glenn. Je inzet is niet echt geweldig. Toch heb je deze gym hard nodig. Je moet kritischer op jezelf worden en op je werk. Je bent nu veel te snel tevreden. Ik wens je veel doorzettingsvermogen sterkte en succes, volgend jaar, in groep 7. Juf Maus.'

Waarom ben ik in godsnaam niet gewoon van groep 5 naar groep 6 gegaan? *Ja, dat snap ik ook niet, maar misschien had dat wel te maken met dat je eerder in groep 3 bent blijven zitten met de hele klas en toen met de hele klas groep 6 hebt overgeslagen om zo te voorkomen dat je als oudere leerling zou komen te zitten in groep 6 of op het vervolgonderwijs.* Wie zal het zeggen, maar duidelijk is wel dat nu ik zo de zaken naast elkaar zie, ik er eigenlijk niet goed van word. Waarom heeft er niemand in-gegrepen in deze situatie, ik zat in een klas waarin ik me niet thuis voelde en had een (zo te zien) enorme leerachterstand of op z'n minst toch wel een leerstoornis, dit klopt toch allemaal niet?

In 1993 is er opnieuw een onderzoek, ditmaal in het VU academisch zie-kenhuis in Amsterdam. In een schrijven van 21 april 1993 van kinder-neuroloog Smit kwam het volgende aan het licht. '(...) Bij onderzoek zien wij een heldere niet zieke jongen met een gewicht van 53,9 kg en een lengte van 164 cm. De hersenzenuwen tonen geen afwijkingen, en aan de extremiteiten wordt een intacte motoriek en sensibiliteit gevonden, zon-der tekenen van gestoorde neurologische rijping. Bij globaal oriënterend onderzoek lijkt er sprake te zijn van enige dyscalculie en dysorthografie met spellingsstoornissen.

I.v.m. deze bevindingen is nader psychologisch onderzoek aangevraagd. I.v.m. de paroxismale oorzaak werd EEG-onderzoek verricht, waarbij het EEG voor de leeftijd redelijk ontwikkeld is doch waarbij zich trage focale en paroxismale afwijkingen voordoen alsmede het ontstaan van pieken bi-frontaal als reactie op hyperventilatie. Conclusie: 1. Specifieke leerstoor-nis, 2. ADHD-syndroom, 3. Mogelijk milde gegeneraliseerde epilepsie. I.v.m. bovenstaande overwegingen hebben wij nader psychologisch on-derzoek aangevraagd, doch zijn daarnaast gestart met anti-epileptische medicatie bestaande uit drie maal daags 300 mg Depakine. In de tweede instantie hebben wij Ritaline 10 mg eenmaal daags toegevoegd i.v.m. het ADHD-syndroom.'

Later zou blijken dat de anti-epileptica alleen nadelig voor je was want er bleek geen sprake van epilepsie te zijn. Je werd wel altijd zwaarmoedig van de medicatie en bovendien werd je hele gedachtenpatroon door de war gehaald, maar aan welke medicatie dat lag weet ik niet.

Jij ook altijd met je eeuwige gezeik over die onderzoeken en wetenschap, wanneer leg jij je er nu eens bij neer dat je bent wie je bent en dat geen onderzoek daar iets aan veranderen kan? Ach, kijk eens naar jezelf, jij brengt toch al die ellende weer boven water, vroeger werd er altijd ge-zegd geen oude koeien uit de sloot halen, jou hadden ze eerder moeten verzuipen, dahag Jeroen ...

Ja hoor, krijgen we dat weer, ga mij maar verwijten dat ik je in de weg zit en dat ik oude Jeroens uit de sloot haal! Maar vergeet even niet dat je zonder mij geen jij zou zijn! En wie ben jij dan wel om mijn complete wel en wee zo open en bloot op tafel te gooien? Sta jij er dan nooit hij stil wat dat met een mens doet? *Nee, ik ben toch ook geen mens, tenminste dat zeg je altijd. Was je maar geen mens. dan zat je tenminste niet in mijn lichaam! Wat! Jouw lichaam? Het is mijn lichaam, jij bent de insluiper!*

Waar is nu ineens dat wij gevoel gebleven waar je altijd zo over opschept?! Wij, ja was het maar wij dan was er geen tweedracht. Maar goed zoals jij het wil, we moeten toch weer verder of wij het nu leuk vinden of niet. En ja, wij spreken altijd voor ons in meervoud!

Stil maar, het is al goed, ik bedoelde het nu ook weer niet zo kwaad. *Ja, dat weet ik wel maar toch blijft het ergens een beetje steken dat hele wij-, jij- en ik-gedoe. Soms weet ik zelfs niet meer wie van ons nu het woord voert. Laten we toch maar even dieper die trage en vermoeiende medische wereld in duiken en je geschiedenis beter uit belichten. Wat zeg je ... ja natuurlijk, onze geschiedenis.*

In 1994 wordt er een scan gemaakt van het hoofd om te bezien of er zich problemen in het brein bevinden. Per toeval (aldus een schrijven van 2 september 1994) wordt iets gevonden, men omschrijft het als volgt: 'Evaluatie van de hersenen werd een MRI gemaakt, hierbij werd bij toeval een laesie (caudaal dorsaal van de meatus acusticus internus) zowel links als rechts in het mastoid gevonden. (...) Vooralsnog zie ik geen samenhang tussen de afwijkingen, leer- en gedragsstoornissen die bij patiëntje aanwezig zijn.'

Volgens andere rapporten ben je weer dwars, onhandig en je wil alles op je eigen manier doen. Nou, dat is dan in ieder geval nooit veranderd, ik ben nog steeds onhandig en klungelig, wil altijd alles op mijn manier doen anders lukt het niet of niet goed genoeg.

Zie je wel, praten we weer in jij en ik. Ach laat maar. Je had vroeger zo van die driftbuien, je sloeg alles kort en klein en dat duurde altijd zo rond de tien minuten maar als je dan weer uit je bui kwam wist je vaak niets meer van te herinneren, al werd er vaak gesuggereerd dat je het niet wilde weten. De waarheid ligt er ergens tussenin, toen ik eenmaal doorhad dat het zo gemakkelijk werd om een excuus te gebruiken deed ik dat ook weleens. *Nou dat zal dan niet vaak geweest zijn!* Nee, je hebt gelijk ik denk een keer of drie misschien vier. Als ik nu zo terugkijk zie ik ook dingen gebeuren, zo had ik vaak hoofdpijn en moest ik regelmatig overgeven.

Vaak werd dit met een pijnstiller en even gaan liggen verholpen maar als ik ook lees dat bij autisten overprikkeling dergelijk reacties kan opleveren (zeker op die jonge leeftijd) dan vraag ik me af of er wel sprake was van echte hoofdpijn en misselijkheid of dat er overduidelijk sprake was van te veel prikkels?

En ik vraag me af waarom niemand dat ooit heeft gezien of is opgevallen? In het EEG-onderzoek na slaapdeprivatie staat het volgende: 'Beoordeling: Matig gestoord EEG op grond van: 1. overmaat aan snelle activiteit 2. focale verschijnselen.' *Goed, het gaat jou natuurlijk vooral om punt 1, overmaat aan snelle activiteit.* Ja, natuurlijk gaat het mij daarom. Zeker omdat in 1992 bij een EEG (zonder slaapdeprivatie) eveneens wordt vastgesteld dat er een verhoogde activiteit is namelijk als volgt omschreven: 'Matig gestoord kinder-EEG op grond van 1. overmaat aan snelle aktiviteit in het basistracé.' Het moge bekend zijn dat autisten een verhoogde activiteit vertonen op dergelijk scans.

Kijk het is een optelsom, en ik begrijp dat achteraf alles duidelijk of nader verklaarbaar is. Bovendien was in die tijd autisme in de mildere classificaties nog vrij onbekend, je had klassiek autisme en dat was het dan wel zo'n beetje. Maar toch vraag ik mij gewoon een heleboel dingen af m.b.t. de testen, is er met de wetenschap van toen echt niets aan de hand met ons? Later word er overigens wel gesteld in een schrijven daterende van 1 juni 1993: 'Een groot deel van de lage score bij neuropsychologisch onderzoek is te duiden als een pariëtale dysfunctie, en lijkt een zekere relatie te hebben met de EEG-afwijkingen zoals die eerder werden geregistreerd. Het is duidelijk dat gezien het profiel tijdens het neuropsychologisch onderzoek dat Jeroen ernstige organische leerproblemen heeft, (...)'

Over welke klachten gaat het hier dan? Je bent weinig actief, met motorische opdrachten werk je traag en je hebt een duidelijke bradylalie, je prestatie over de gehele linie van het onderzoek blijven achter op je leeftijdsgenoten zoals met lezen, spelling en rekenen maar ook construeren en ruimtelijk inzicht blijven achter. Zie je wel, weer dat dyslexieverhaal. *Iets wat overigens veel voorkomt bij autisten. Omdat nog maar even kracht bij te zetten, in een handgeschreven verslag van 9 februari 1993 staat letterlijk dat er sprake is van een 'spellingstoornis', waarom moet het dan tot het jaar 2000 duren eer het bij de instanties (bij gebrek aan een ander woord) doordringt dat er sprake is dyslexie?*

Men kan niet zeggen dat het in die tijd een stoornis was die niet bekend was, ik denk dat men er gewoon niet aan wilde omdat het allerlei extra werk met zich meebrengt voor de onderwijzende instellingen. De medicatievoorschriften liepen op tot het volgende: 10 mg Ritalin 1x in de ochtend, driemaal daags 500 mg Depakine plus 1 maal 's avonds 2½ mg Ritaline. Later werd door hoofdpijnklachten de Depakine vervangen door iets wat men afkort met CAR 400 mg en dat moest je dan tweemaal per dag in nemen. De hoofdpijn bleef aanwezig maar de zenuwtrekjes verdwenen er wel van. Je trok altijd zo met je hoofd, korte hevige bewegingen van links naar rechts. Misschien veroorzaakte dat wel de hoofdpijn?

Uiteindelijk word de medicatie gestaakt. Ook in het VU vindt in 1993 een WISC-RN test plaats evenals vele andere en vergelijkbare test die ik op school tussen 1991 en 1993 heb gedaan. De uitkomsten (eveneens van het herhalingsonderzoek) zijn eigenlijk gelijk, achterstanden met van alles, spelling, rekenen, schrijfvaardigheid, tekenen, ruimtelijk inzicht en ga zo maar door. Alles is nagenoeg gelijk aan hetzelfde onderzoek uit 1991 bij de VU. Opvallend vind ik dat de noodzaak om hier wat aan te doen niet of nauwelijks naar voren komt. Men neemt het allemaal maar voor lief aan.

Kijk eens waar ik nu op stuit! Een verslag uit 1987, je bent dan zes jaar oud. Beoordeel zelf, maar de tekst klink als een tekstboekje autisme. 'Jeroen valt niet op door zijn gedrag, is wel bang om fouten te maken. De fijne motoriek is erg zwak. (...) Drie jaar, ging graag naar de peuterspeelzaal maar liet zich intimideren door andere kinderen, beet niet van zich af. Kleuterschool idem.

Gedragsaspecten: Jeroen speelt het liefst buiten. Krijgt meer contacten met andere kinderen in de buurt (had hij in de vorige buurt niet). Omgang met zusje Marijke is leuk, spelen samen en zitten elkaar ook wel in de haren. Jeroen is vrij gesloten, terughoudend. Als hem iets dwarszit moet je het eruit trekken. Toch kan hij ook heel enthousiast zijn, zo zelfs dat hij echt afgeremd moet worden. Er moet hem veel uitgelegd worden, hij wil graag alles begrijpen.

Kan zich soms halsstarrig verzetten als hij iets niet wil. Het zit hem zelf ook dwars dat dingen hem zo vaak slecht lukken, wil het dan vaak niet meer proberen. Hij is soms wel nerveus en overbewegelijk, ook 's nachts in bed ligt hij niet stil. Hij is gauw angstig, ook erg gevoelig. Hij luistert liever naar muziek dan dat hij tv-kijkt. Fietsen doet hij heel graag. Sport of gymnastiek heeft hij niet veel belangstelling voor.

Observatie in de klas: Rustige jongen. Doet goed mee in de kring. Heeft contact met andere kinderen. Hij heeft moeite met knippen en plakken, lijkt zich ervoor te generen, redeneert er wat omheen.

Gedrag tijdens het onderzoek: Nerveus, snel afgeleid. Overbeweeglijk tijdens de opdrachten. Gaapt heel veel. Op de dienst is het rustiger dan op school en was de konsentratie ook beter. Vroeg minder naar zijn moeder. Hij is bang om fouten te maken maar ook [is hij bang] *voor de cactus in de kamer en bang om alleen in het kamertje te blijven (kan er iemand komen en hem meenemen). Tijdens spel (ballen) wordt hij overmoedig en slaat dan wat door, moet dan tot kalmte gemaand worden. Hij is erg behulpzaam, soms weleens té, regelt het dan voor mij ook meteen even. (…) Maakt soms rare zinskonstrukties (zou 20x moeten duren worden = zou te lang duren) en fouten (opdragen = oppakken), (…) Veel van zijn antwoorden worden door angst ingekleurd (b.v. waarom hebben we ramen? Zodat inbrekers niet naar binnen komen). Bij het neerzetten van een verhaal aan de hand van een plaat heeft hij zelfs wat leiding en struktuur nodig (in de vorm van vragen van mijn kant) anders raakt hij gauw in de war en ziet dan niet meer wat er aan de hand is.*

Performale onderdelen: Gaat over het algemeen onhandig en systeemloos te werk. Dierenhuis (coderen) is heel zwak, hij werkt met twee handen, vult door elkaar in en maakt de eerste keer tien fouten omdat hij halverwege het idee van elk dier zijn eigen kleur helemaal kwijtraakt. (…) Figuren kopiëren is heel zwak. Hij snapt de figuren niet kan ze ook niet natekenen.' Als ik dit zo over mezelf (euh … onszelf) lees dan voelt het een beetje raar.

Nagenoeg alle aspecten van toen heb ik nu ook nog ruim twintig jaar later, je merkt er wel minder van omdat verbloemen een eigenschap is die je gaandeweg leert, maar de echte achterstand is er nog steeds. Je gaat ezelsbruggetjes ontwikkelen voor de problemen waar je tegen aanloopt maar soms werkt het ook gewoon niet en ga je de mist in. De teksten bevatten natuurlijk veel meer informatie maar alles bij elkaar doet het mij beseffen dat er iets niet klopt. U begrijpt dat u slechts delen ziet van wat er in de teksten staat, maar zelfs nu kijk ik terug op deze tekst met de vraag, lees ik hier over een autist?

Ook uit deze (en andere) teksten blijkt dat je al snel last krijgt van een depressie, eigenlijk al zodra de blaadjes van de bomen vallen, je begint dan over de dood te praten en je wordt sneller geïrriteerd. Men vindt dit zorgelijk maar er wordt (ondanks advies) eigenlijk nooit meer de aandacht op gevestigd. De dood is iets wat je dus al langer bezighoudt dan je aanvankelijk dacht. Ja, dat kun je wel stellen, ik dacht dat ik zo rond mijn tiende levensjaar met deze materie bezig ben gegaan maar dat blijkt eigenlijk al op zeer jonge leeftijd, zo rond mijn zesde levensjaar, te zijn. Op dit punt wil ik graag J. Romkes (sociaal-psychologisch verpleegkundige) en drs. E. Gerritsen (hoofd Jeugdafdeling van de RIAGG) bedanken voor een trauma binnen onze familie. Al in het eerste gesprek vonden zij dat mijn ouders te hoge verwachtingen van mij hadden. Misschien had hij wel gelijk maar ik denk niet dat, zelfs zij, dat kunnen bepalen na amper een gesprek van dertig minuten. Bovendien kwam ik daar na de zelfmoordpoging waar ik eerder over schreef, met contactproblemen met leeftijdsgenoten. Hoe-zo te hoge verwachtingen?

In september 1994 schrijven zij het volgende: 'Jeroen is op verzoek van de behandelaar in de jongerengroep gekomen. Jeroen heeft problemen in de omgang met leeftijdgenoten. Hij heeft grote schrijfproblemen, monde-linge uitdrukkingsvaardigheid, hoewel traag en geformaliseerd, verloopt goed. Jeroen kwam in de groep heel rationeel en afstandelijk over, had moeite de juiste kleurentoon te vinden, zowel in spreken, gedrag als kle-ding. Hij heeft daar niet echt moeite mee, voelt zich alleen ook goed. Hij wilde wel leren meer met andere mensen om te gaan.'

Hallo RIAGG! Mag ik even storen? Natuurlijk voelde ik me alleen ook prima, want ik had geen aansluiting met de groep. Ik had een contactprobleem met leeftijdsgenoten, u plaatste mij in een groep waarvan de overige deel-nemers andere problemen hadden dan ik, zij hadden problemen met ou-ders en bijvoorbeeld verslavingen. Hoe pas ik in een groep die gemiddeld veel ouder was en totaal andere problemen had dan ik en met problemen die ik persoonlijk ook nog eens veel erger vond dan mijn eigen problemen? Geen wonder dat ik na acht deelnemingen blij was dat ik mocht stoppen, dit hielp toch geen zak, om nog maar te zwijgen van de regelrechte aanval op mijn ouders die zich juist in hadden gespannen om na mijn zelfmoord-poging de hulp te krijgen die nodig was, ik vind het ronduit schandalig dat zulke bewoordingen en verwijten in hun richting werden afgeschoten. Vergeet niet dat zij al jaren het gevoel hadden in hun opvoeding te falen omdat er geen enkele diagnose uit de problemen naar voren was gekomen ondanks de enorme bergen aan onderzoeken. Ik denk dat als mijn ouders zich niet zo hadden in gespannen om hulp te zoeken dat ik erger af was geweest dan nu. Maar u (RIAGG) wordt bedankt om mijn ouders nog even verder de grond in te trappen dan de anderen al hadden gedaan door het ook nog eens even lekker op papier te zetten, werkelijk belachelijk! Jullie moesten je schamen!

Via via ben ik dan eindelijk in 1998 bij mevrouw Massee terechtgekomen voor een dyslexieonderzoek. Herhaling van het onderzoek vindt plaats in 2000, waarna, na jarenlang vechten en onderzoek, na dit onderzoek eindelijk wel met het verlossende woord komt: meneer Bakker, u heeft dyslexie. Dit was de eerste stap op weg naar een breder onderzoeksresul-taat. Ik ben nog steeds enorme dank verschuldigd aan mevrouw Massee.

'Shit happens!'

Some people more than others.

Thuis

De ene na de andere school
is er een plaats waar Faith thuishoort
een stoornis in het autistisch spectrum
ja, zo wordt ze wel gestoord

MKD, KDC, MLK
en ZMLK komt nu
waar vindt Faith eens rust
is dit de laatste gang van het menu

Weer een verandering
in dit jonge leven
Faith wordt heen en weer geslingerd
terwijl wij louter veiligheid willen geven

Faith weet dat de verandering komt
en begrijpt het goed
hoe kan het dan toch
dat het haar zo weinig doet

Ze lijkt immuun voor deze pijn
en laat zich niet uit het veld slaan
kranig, ook al is zij zo teer
gaat zij het onbekende aan

Misschien weet Faith het al lang
waar professionals blijven haken
want welke stempel zij ook krijgt
ze zullen Faiths persoonlijkheid nooit raken

Faith is onze dochter
een meisje met veel pit
een kind met vele wegen
waar een creatieve geest in zit

Ze is prachtig om te zien
en geeft vaak een vrolijke lach
ze is lief en gezellig
er is niemand die haar niet mag

Het zal voor deskundigen moeilijk zijn
om Faith de perfecte plaats te geven
ons speciale meisje
verdient dan ook het beste leven

Dit bijzondere kind
draagt al zo vroeg een kruis
maar wij houden van Faith zoals ze is
bij ons is zij altijd thuis

Stefanie Harmsen

Asperger is geen groente

Volcmar Suijs

Het leven is anders, het leven is bal. Het leven is een warboel van meningen, reacties en van spijt. De haren op mijn hoofd groeien harder dan het feit dat ik anders denk, anders voel, anders weet en anders ben. Niemand die het ziet. Niemand die begrijpt. Niemand die weet waar ik het over heb, want ik lijk zo gewoon, misschien beter dan wat vreemd. Je moest eens weten hoe dat vroeger was en als ik over vroeger praat dan is dat net voorbij.

Ik en jij, ik en wij, ik zei, praat ik altijd over mij en zij zijn slecht. Ik bedoel het zo goed. Ik bedoel het zo goed. Kan niet lachen om, praten met, voordat ik het weet gaat gesprek weer over mij. Waar zijn zij? Wie ben jij? Zijn er dan ook mensen om mij heen? Ben alleen. Ben het zat! Leg de lat steeds hoger. En droger. En wasmachine. Wat benzine. Methylphenidaat, chic voor Ritaline. Flauwe kolder uit de zolder van mijn hoofd. Van mijn eigen wijs beroofd.

Nee. ik luister niet goed. Zal wel beter willen doen, maar ik luister niet goed. Het lijkt wel of ik helemaal niet luister. Ze praten maar en praten maar en ik hoor haar stem. Ik zie haar gezicht. Ze kijkt misschien lachend naar mij of met een trillende lip. Maar ik snap deze taal niet. Maakt ze nu een grap, is het bittere ernst of wil ze gewoon een wip?

Heel lang geleden leefde er een prins. Hij was druk, hij was vreemd, praatte, gilde de hele tijd. Wat een nijd. Wat een onrust. Wat een fust vol warrig bier. Want het ging nergens over. Niemand die begreep, niemand die het zag. Niemand die wist waar hij het over had. Was hij gek of de weg kwijt? Was hij lief of was hij altijd? Zo stond hij bij haar raam en zong vol overtuiging: 'Ik hou veel van jou en ik wil op je bouwen!' Zei hij, riep hij, schreeuwde hij van de daken met het schaamrood op zijn kaken. Te pas en te onpas, zoals hij dacht, zoals hij was. Wilde voelen, wilde ruiken, wilde proeven. Zwelgend in onzekerheid dacht hij alleen aan haar waar hij zinnig veel van hield. Maar wat was houden van? Is dat een keuze, een mening of een groeiend proces? En hij dacht: het is zoals ik wil! Hij ging zitten naast de plas en staarde naar het spiegelbeeld van haar.

Daar woonde dus die wijze in dat grote bos en hij ging los. En hij ging los: 'Alles wat ik deed was het zoeken naar jou en nu ik je gevonden heb, blijf ik je eeuwig trouw,' zei hij en hij keek om zich heen. Zij was er niet. Zij was nergens. De wereld om hem heen leidde hem af. Daar ging een koets. Wat een mooie paarden. Kijk daar. Een olifant in een porseleinkast. En die kwast. Die vliegt helemaal zelf over het doek. Kijk, dat schilderij. Het lijkt wel op mij! Wat een kleurige lucht. Er staan sterren op gordijnen. En de wijze zei tot hem: 'Jij bent het. Ik weet dat jij het bent! Jij bent diegene die het nu veranderen wil, hoor je dat gegil? Hoor je de stilte? Merk je het verschil? Draai eens om je heen en vertel me wat je ziet!'

'Ik zie een wereld om mij heen. Miljoenen mieren kronkelen door elkaar. De zon werpt schaduw achter de eik op de top van die lege heuvel vol met gras en vol met bloemen. Bijen zoemen. Herten staan te drinken uit een bruisende beek. Het weiland hobbelt zachtjes op en neer, is omrand met sloten en bosjes en wat al niet meer ...'

En de wijze vraagt: 'Heb je weer gedronken? Je linkt alles aan elkaar.'

'Ik lust geen alcohol en ik link toch altijd aan elkaar? Verwissel alles in mijn hoofd! Als ik een smid was, was ik timmerman en kleermaker. Alles tegelijk. Alles in de war. Ik zou ijzer trachten te naaien en het hout beslaan met vuur. Orde en structuur. Waarom orde en structuur? Waarom regelmaat? Ben jij ten einde raad? Dat kan ik wel bedenken, maar ik voel het antwoord niet. Ik beredeneer de hersens uit mijn kop!'

'Afspraken zijn verlichte bakens,' sprak de wijze. 'Ga van de een naar de ander en vervul ze allemaal. Zo maak je een reis door jouw wereld. Er staat een muur om jouw tuin! Een lange gouden muur met één verborgen deur. En als je die opent, dan is daar de tijd. De realiteit, zoals de echte wereld is. Zo verleidde jij mij met links; ga rechts! Maar met alle respect: ga vinden wat je past, wat je leuk vindt, waardevast. Zoek nooit alleen wat jouw omgeving zint. Je hebt een eigen wil! Ook jij, jij hebt een eigen wil!'

Volcmar Suijs heeft PDD-NOS en ADHD, hij is professioneel (woord)artistiekeling,

soundcloud.com/dj-ramclov

Hallo Aarde ... (3)

Tycho Hoogstrate

School

Er zijn van die dingen die je, als het goed is, je hele leven blijft doen. Nieuwe dingen leren, kennis opnemen, dat is zoiets. Om dit proces een aardige schop onder de kont te geven hebben we in onze samenleving een instituut in het leven geroepen. Al vrij kort na je geboorte volgt er een hele rij scholen en opleidingen, je weet nog maar nauwelijks dat de wereld groter is dan de straat waar je woont en dan moet je er al aan beginnen! Je wordt er klaargestoomd voor je toekomstige plek in de maatschappij. Je hebt je gezicht nog nauwelijks laten zien in die samenleving, maar je kiest op dat moment wel de route voor een lange tijd. Gelukkig levert dit weer een niche op voor mensen die je, halverwege je carrière in de samenleving, weer kunnen helpen je eigen pad te vinden!

Het is lastig op school als je op een andere manier leert. Het onderwijs kende in mijn tijd nog minder ruimte voor afwijkende denkers dan nu het geval is. Anders denken was iets waar mijn leraren van die tijd geen oplossing voor hadden. Ook al heb ik de eerste klas van de lagere school al twee keer gedaan, ik was schijnbaar nog wat kinderlijk, de achterstand bleef. Ergens rond mijn 25e leerde ik mezelf bijvoorbeeld pas fatsoenlijk schrijven. Het gekke is dat ik voor die tijd de Engelse taal voor het merendeel mezelf heb geleerd. Rekenen is nog steeds een drama, zoals enkele jaren geleden bleek tijdens een uitgebreid assessment, de uitslag leek wel een hartritme-uitdraai. Rekenvaardigheid op basisschoolniveau en taalvaardigheid op hbo-niveau. Hoge pieken en diepe dalen een nogal wisselend beeld zal ik maar stellen! Ik heb geen absurd hoog IQ maar wel ruim boven het gemiddelde, het is vooral een niet te stillen kennishonger die gevoed moet worden. Toch heb ik alleen maar het papiertje van een middelbare beroepsopleiding ergens in een ordner zitten!

Het heeft lang geduurd voordat ik zelf begreep hoe ik leer en nieuwe kennis plaats en vooral hoe dit verschilt van andere mensen. Pas toen ik vijf jaar geleden voor mijn huidige werk een module van drie maanden op de Universiteit van Amsterdam ging doen begreep ik het en, niet onbelangrijk, ik had er ook vertrouwen in. Al die mislukkingen op de lagere en middelbare school blijven toch in je herinneringen hangen. Het is niet leuk als je steeds de laagste cijfers haalt en met de hakken over de sloot je diplomaatjes haalt. Het is vreemd als je weet dat je slim bent, maar op school toch niet goed meedraait.

Maar ja ... nu snap ik het wel, ik ben beelddenker en leer ook nog eens andersom. Ik ga van de details naar het overzicht. Ik zie eerst de blaadjes, de nerven, het licht dat door het blad schijnt, de haren en de bladranden, pas daarna kijk ik naar de takken en de details van oude en jonge bast. Zo ga ik van detail naar detail, pas aan het eind zie ik een boom als geheel en niet als een verzameling details. Pas dan kan ik kennis over huidmondjes, sapstroom, voedingsstoffen, symbiose met schimmels, zomer- en winterhout plaatsen. Alleen moet ik wel van tevoren weten waar ik met al die details naartoe moet, anders blijft de nieuwe kennis als los zand en kan ik het niet plaatsen. Het is daarom moeilijk voor mij om abstracte zaken zoals taal en rekenen een kapstok te geven. Als ik iets nieuws over een bepaald onderwerp leer, dan spring ik van de hak op de tak en pak in schijnbaar chaotische volgorde details die later tot een geheel worden gevoegd. Dit is niet ongewoon voor een autist is mij verteld.

Omdat het op school allemaal niet zo wilde vlotten en ik niet begreep waarom het zo moeizaam ging, verloor ik ergens in mijn vijftien jaar durende schoolcarrière de motivatie en de interesse. Er waren wel leuke vakken waar ik goed in was, maar de meeste had ik al opgegeven. Heel erg jammer vind ik dit nu achteraf, want een beetje meer zelfkennis had hier wonderen kunnen doen. Nu terugkijkend ben ik altijd door blijven leren, alleen op een andere manier. Als de gangbare lesmethoden niet werken, dan moet je het zelf maar doen. En net zoals ik nooit de weg vraag, maar liever zelf op de kaart kijk, heb ik al vroeg de autodidactiek omarmd. Dit zelfleren is iets dat ik nog steeds doe. Het bijzondere in mijn leerproces is dat pas rond de dertig bij mij opeens allerlei puzzelstukjes in elkaar gingen vallen, eindelijk waren de kapstokken klaar om oude en nieuwe kennis te plaatsen. Op het moment dat mijn recht op studiefinanciering ophield was ik, ironisch genoeg, eindelijk klaar om te gaan leren. Ik kan mij nog goed herinneren dat ik ineens grotere verbanden begon te zien en de wereld om mij heen steeds beter begon te begrijpen. Het was een wonderbaarlijke periode met veel aha-erlebnissen. Aan motivatie om te leren was er bij mij blijkbaar geen gebrek, het was veel meer het onderwijssysteem dat mij uit onmacht liet vallen. Als je niet past in een systeem dat is gebaseerd op gemiddelden dan val je buiten de boot. Eigenlijk wel raar dat er wel een leerplicht is en geen plicht tot passend onderwijs in de vorm en op de momenten die bij je ontwikkeling past! Ik snap dan ook niet dat de samenleving niet meer haar best doet voor de deelnemers van morgen. Een gemiste kans van de samenleving.

Zoals ik ben

Kon je kijken door mijn ogen
Dan zou je weten
Kon je horen met mijn oren
Dan zou je weten
Kon je voelen zoals ik
Dan zou je weten
Weten wat het is voor mij, autisme
Weten wat het vraagt van jou, autisme
Misschien begrijp je dan wat het is mij te zijn

Weten wat het is mij te zijn
Zo anders dan schijnbaar begrepen worden
Schijnbaar omdat je denkt te weten
Denkt te weten wat anders zijn is
Denkt te weten wat ik wil
Denkt te weten wat ik kan
Denkt te weten wat ik mag

Als jij mij zou zijn
Dan zou ik weten dat je begrijpt
Dan zou ik weten dat je weet dat ik niet jou wil zijn
Maar begrepen
Zoals ik ben

Egbert Reijnen,
17 april 2006

Dhr. E. Reijnen is voorzitter van de raad van bestuur van
het Dr. Leo Kannerhuis.

Textballoon man
door
Monique Luiken

Communicatieverslaafd!?

Abe R. K. Jeker, Asperge

Als autist heb je een contactstoornis en wil je graag afgezonderd zijn. Niet iedereen, maar het is een beeld waarin ik mezelf herken. Toch leef ik er niet naar. Ik zoek communicatie, het is een verslaving. Dat bleek wel toen ik de datalimiet van mijn mobiele abonnement had overschreden en werd afgesloten tot de volgende termijnbetaling. Een goede zaak, want anders wind ik me weer op over de te hoge kosten. Maar me dat niet realiserende ben ik in totale paniek als ik in een afgelegen wijk van de Ljouwert sta en geen contact kan leggen met de persoon die ik zoek. Dan maar hier en daar op wat deurbellen drukken en hopen op verdere instructies. Later bedaar ik als ik me realiseer dat ik slechts bij de verkeerde flat sta en alleen maar de weg hoef over te steken.

Sinds die tijd ben ik continu op zoek naar wifi-verbindingen waar ik gratis gebruik van kan maken. Ik merk dat ik in de trein nog 'ff snel' alles moet doen want straks zit ik weer zonder. Zonder wat vraag je je af? Zonder e-mail, Facebook, Twitter en al wat niet meer. Ik werd me mijn obsessieve gedrag pas gewaar na een paar weken zonder mobiel internet. Ik loop steevast elke avond even langs het huis van mijn ouders zodat ik de wifi kan oppakken en in de sneeuw van dit jaar nog even snel voor het slapen de berichten tot mij kan nemen. Niet dat ik dan 's avonds laat nog aanbel, maar vanaf de straat is de verbinding prima.

En waar ben ik dan verslaafd aan? Ik bedoel, de berichten zijn er morgen ook nog wel! Maar o, wat ben ik bang iets te missen. Is het de informatie of alleen het contact? Echt nuttige zaken tref ik er de laatste tijd nauwelijks nog. Zou het dan misschien zo zijn dat ik eindelijk contact maak zonder dat mijn autisme me in de weg staat? Dat moet haast wel, want in het gewone leven blijft het moeilijk en beangstigend, dat contact met anderen. Nee, als het aan mij zou liggen dan communiceer ik alleen nog maar digitaal. Geen bijkomende prikkels waar ik op moet letten, alleen even de smilies (emoticons) en afkortingen uit mijn hoofd leren en daar communiceren we weer. Communicatie op een niveau dat ik begrijp en waar ik me in kan uiten, eindelijk, na al die tijd! Het was een grote stap naar die digitale wereld maar ik ben nu verslaafd, al zeg ik het zelf.

'Op die fiets!'

Welke fiets?

Over fietsen ...

Selena Swinkels

Het is zaterdagochtend. Als ik op mijn fiets wil springen lukt het niet omdat de week erop zit. Ik scheld hem uit en zeg dat hij weg moet gaan omdat het mijn fiets is! Het blijkt blauwe maandag te zijn want hij is meteen weer vertrokken.

Dan spring ik zelf op mijn fiets. Na een paar keer springen zijn de banden krom en ligt het zadel eraf.

Ik probeer erop te fietsen maar dat is geen goed idee. Ik kies daarom eieren voor mijn geld en besluit om thuis te blijven. Met de eieren kom ik vervolgens niet verder dan een omelet bakken. Hoewel ik geen honger heb omdat ik met mijn fiets in mijn maag zit, prop ik toch het ei in mijn mond.

Dan breng ik mijn fiets naar de fietsenmaker. De fietsenmaker vraagt wat er aan de hand is. Omdat mijn mond nog vol met ei zit kan ik niet antwoorden en besluit het óók door te slikken. Dan geef ik aan dat mijn hand het probleem niet is – tenminste, op één gat na – maar dat mijn fiets kapot is omdat ik erop gesprongen heb.

De fietsenmaker vindt het niet handig van mij en vraagt of ik soms twee linkerhanden heb.

'Nee hoor, dat heb ik altijd!' antwoord ik en dat terwijl ik rechts ben.

De fietsenmaker kijkt me verward aan. Hij heeft geen verstand van politiek en praat liever over fietsen. Om hem zijn zin te geven pak ik drie fietsen die in zijn werkplaats staan en zet deze tussen ons in.

'Heb je nu je zin?' vraag ik. 'Kunnen we nu over fietsen praten?'

De fietsenmaker heeft inderdaad weer een zin: 'Waarom spring je op fietsen?' vraagt hij.

'Omdat mijn auto natuurlijk te hoog is,' antwoord ik.

'Oké, op die fiets!' zegt de fietsenmaker begripvol.

'Nee,' ga ik verontwaardigd verder, 'mijn auto dus!' Een paar seconden kijken we elkaar zwijgend aan.

'Ga je mijn fiets nog maken of hoe zit dat?!' doorbreek ik na een tijdje de stilte.

'Ik zit nergens op, ik sta!' zegt de fietsenmaker verbaasd. 'Maar ik zal straks naar je fiets kijken.'

'Ik wil dat je mijn fiets repareert!' zeg ik streng. 'Ik ga je uiteraard niet betalen om er enkel naar te kijken. Dat kan ik zelf ook wel!'

Als de fietsenmaker dan eindelijk begrepen heeft wat hij moet doen spreken we af dat ik hem over een paar uur kom halen.

'Wat gaan we doen dan?' vraagt de fietsenmaker verheugd.

'Dat is nog een verrassing,' antwoord ik. 'Ik ben er over een paar uur, tot straks!'

'Niet waar, je bent er nú al!' schreeuwt de fietsenmaker me na. Ik antwoord echter niet meer, omdat ik inmiddels naar buiten ben gelopen.

Ik heb dus een date met de fietsenmaker. Wat doe ik in godsnaam aan? denk ik als ik weer thuis ben. Ik probeer de lamp. Het maakt geen verschil, het is immers licht buiten. De wasmachine aandoen! Dat is wel slim. Dan heb ik schone kleding om aan te trekken.

Na drie kwartier is het klaar en haal ik de kleding schoon uit de wasmachine, hang die aan de waslijn en begin eraan te trekken. Al snel is mijn broek gescheurd en mijn shirt helemaal uit zijn verband gerukt. Ik begrijp overigens niet waarom dat eromheen zat. Ik heb toch niets gebroken? Even staar ik er bedenkelijk naar en heb dan een idee: ik neem het verband in ieder geval mee vanavond, voor wanneer het ijs gebroken is.

Dan moet ik me nog aankleden, maar heb er geen zin in. Ik maak mezelf gewoon van kant, dan hoef ik niet meer na te denken over wat ik aantrek en het staat nog sexy ook.

Dan is het zover. Helemaal nu mijn fiets nog bij de fietsenmaker staat en ik moet lopen. Hoe laat is het? Ik werp een blik op mijn horloge. Shit, kapot natuurlijk! Nu weet ik hoe laat het is. Ik kan weer een nieuwe gaan kopen. Waarom ben ik zo lomp? Gelukkig heb ik de tijd en dus geen horloge nodig.

De fietsenmaker en ik besluiten ergens een hapje te gaan eten. Hier zijn we binnen een minuut mee klaar.

'Zullen we nog maar een hapje nemen?' stel ik daarom voor.

De fietsenmaker wil liever uit eten.

'Dat ken ik niet. Is dat lekker?' vraag ik lichtelijk verrast. 'Ik heb dat nooit gegeten'

'Trouwens, nou je het zegt ...' begint de fietsenmaker, 'ik heb het z...'

'Ik zei absoluut geen "het" hoor, het leek er niet eens op,' onderbreek ik hem terwijl ik aanstalten maak om te vertrekken.

Een paar minuten later zitten we boven een dampend bord eten. Dit is niet heel praktisch omdat we er zo moeilijk bij kunnen. Je kunt hier kennelijk van de grond eten dus besluiten we dit te doen. Beiden gaan we bij ons bord op de grond zitten.

De harde vloer zit niet heel lekker. Daardoor kom ik wat stijf over. Stijver dan de fietsenmaker zelf maar het scheelt niet veel. Daarom besluiten we om naar mijn huis te gaan.

Buiten staat het opeens vol met ambulances omdat de nacht gevallen is. Gelukkig heb ik dat verband bij me.

Thuis aangekomen gaan we direct met elkaar naar bed. Ik zeg de fietsenmaker welterusten en slaap binnen een paar minuten.

Vroeg in de morgen

Vroeg in de morgen schijnt de zon op een nest
ieder ei is op zijn best

Behalve een
die is krom en lijkt van steen

De eitjes barsten en breken
na een tijdje komen hun kopjes uitsteken

Het ene eitje blijft vechten en pikken
het lukt niet uit te bikken

Mam kijkt naar beneden en tegen het ei trapt zij

Krik krak kraakt
het vogeltje is uit en staakt

Ze is lelijk en krom
de andere zijn mooi en stralen als de zon

Het kleintje vindt het moeilijk op school en zucht
de andere schitteren en zij kucht

Haar broertjes en zusjes gaan over in de volgende klas
het kleintje houdt in haar pas

Op een morgen hoort en ziet
een leraar het kleintje zingen haar mooiste lied

Gecharmeerd en verbaasd hipt hij naar het kleintje
steekt zijn vleugel op en geeft een seintje

De volgende keer bij de talentenjacht
heeft zij een mooi jasje met praal en pracht
De andere vogeltjes streng en gemeen
trekken alles kapot en slaan met steen

Kleintje ziek en kapot
kleintje zucht en stopt

In het duister hoekje schijnt een licht
geef niet op mijn wicht

Het kleintje verbaasd ziet wat zij kan
en gaat de volgende dag op het podium staan voor ieder man

Als het snaveltje opengaat
is iedereen verbaasd

De mooiste tonen en noten
als nooit eeder gezongen en door niemand anders genoten

Het kleintje de wereld te rijk kijkt uit haar nest en voelt zich op haar best

Het vogeltje in het gedicht is anders. Door haar uiterlijk en dat het allemaal wat moeilijker gaat wordt zij buitengesloten. De wereld lijkt tegen haar. Eén leraar wil helpen maar maakt het ongewild erger. Hierdoor geeft het vogeltje het op. Een licht als een soort engel laat het vogeltje zien wat zij wel kan. Hoe bang het vogeltje ook is, zij gaat toch voor de menigte staan. Haar zang verbaast iedereen. Het lelijke vogeltje heeft een prachtig karakter vanbinnen, wat niet naar buiten kon door alle pesterijen. Maar het lied laat zien dat het vogeltje toch een talent heeft. Het uiterlijk kan een talent en karakter vanbinnen verhullen.

Anoniem

'Het verdriet dat je niet ziet'

Traan
door
Gonnie Bakker-Luiken

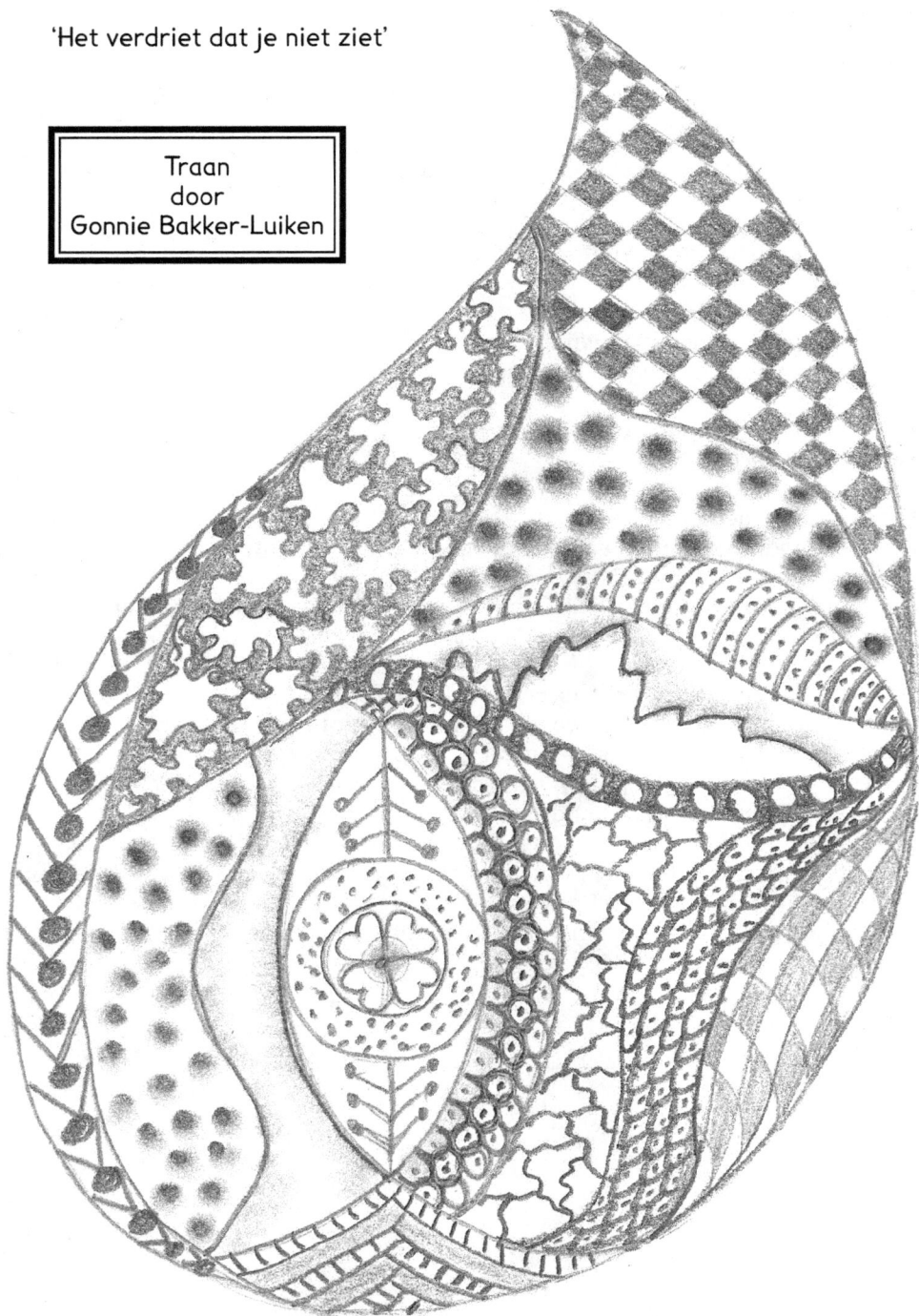

Gevoelens van een traan

Een grote druppel
Rollend over je wang
Glijdt langzaam naar benee
Over je huid zonder dwang

Zij vertelt een verhaal
Een deel van je leven
Zomaar daar aanwezig
Warm en nattig voor even

Wat zo moeizaam lijkt te gaan
En tevens zo ongrijpbaar
Waar je zo mee worstelt
Zoekt z'n eigen baan

Een traan van een lach
Een traan omdat je bent ontroerd
Een traan omdat je huilt
Een traan omdat je je zo gelukkig voelt

Gonnie Bakker-Luiken,

Gonnie Bakker-Luiken is moeder van een bijzonder kind met ASS

Wittekool

Het verlangen te zijn ...
Het dubbeltje dat ooit dat kwartje zal worden?
Ach, kwats, apekool!

Nee!
Dan wittekool
Zij zal wel ooit zuurkool worden.

Jena Boer-Kerk

'Door de bomen het bos niet meer zien.'

Dat moeten dan wel heel weinig bomen zijn.

Al die jaren wist ik niet wat ik had

Louis van de Maat

Al die jaren wist ik niet wat ik had en wat er met mij aan de hand was. Niemand kon het me vertellen. Dit is mijn verhaal.

Er werden lelijke dingen over mij gezegd qua gedrag en hoe ik functioneerde op stage/werk. Ik behaalde onvoldoende werkprestaties. Verwachtingen die ik niet kan waarmaken. Ik kreeg van de werkgever eigenlijk steeds vergelijkbare feedback die ik al heel vaak hoor. Vaak werd er gezegd: hij ziet het werk niet liggen, hij stemt onvoldoende af, toont zich onvoldoende flexibel, maakt onvoldoende contact met anderen, doet af en toe onhandige dingen. Hij neemt weinig initiatief, is afwachtend. Als een soort mantra werd het steeds herhaald. Mensen schetsten steeds een verkeerd beeld van mij. Hierdoor ontstond er veel miscommunicatie. Ik snapte niet hoe dat kwam en waar het aan lag.

Twee jaar geleden ging ik na mijn studie werken, toen kwam dit allemaal weer ter sprake. Ik had een soort werkbegeleider die gesprekken met mij aanging over het werk. In het begin leek het goed te gaan. Naarmate de gesprekken vorderden, werd men steeds kritischer en de werkbegeleider merkte op dat ik beter kon stoppen. Hij zei ook dat ik mezelf niet goed genoeg ken. De blinde vlek, wat onbekend voor mij was en ook voor de tegenpartij. Je moet weten waar je staat, wie je werkelijk bent en waar je grenzen liggen, wat kan je aan en wat niet. Hierdoor raakte ik erg teleurgesteld. Hij verwees me door naar een goede psycholoog. Ik had een paar sessies gehad en de psycholoog stelde een psychologisch onderzoek in en bracht verslag uit.

Hij mailde het verslag naar mij en het raakte mij persoonlijk behoorlijk hard. Er werd vastgesteld dat ik een lichte vorm heb van autisme.

Ik schrok daar best wel van en mijn hele leven stond op zijn kop. Ik werd stiller en wist me geen raad. Het heeft een tijdje geduurd voordat ik het verwerkt had. Daarna werden dingen duidelijk gemaakt uit het verleden en hoe ik nu ben. Alles klopte en is te verklaren. Alle puzzelstukjes vielen op hun plaats. Zo ook het contact met de mensen om mij heen. Als er een gesprek plaatsvindt tussen twee mensen en ik de derde persoon ben in dit gesprek, snap ik soms niet waar ze het over hebben (de boodschap). Voor mij is het moeilijk te begrijpen wat anderen vertellen. Ze praten en praten zonder concreet te worden.

Mijn aandacht zakt snel. Ik let op wat ze aan hebben, hoe hun haar zit, hoe ze bewegen en praten. Mijn gedachten dwalen af en dan let ik alleen nog op de achtergrond en de personen zelf. Daarom kan ik niet zo goed functioneren op een feestje bijvoorbeeld. Dan sla ik dicht, voel ik me onzeker, weet ik me geen houding te geven en hoor ik alleen maar een hoop gekwetter. Tegenwoordig kan ik er iets beter mee omgaan, ik blijf het lastig vinden. Daarom concentreer ik me in zo 'n situatie op een persoon. Ik kan gesprekken niet altijd even goed volgen, dan gaat het te snel. De informatie komt bij mij anders binnen en wordt anders verwerkt in mijn hersenen. Het duurt dan ook even voor dat ik dingen begrijp.

Voor mij is het belangrijk dat het verhaal kort en concreet is en niet een langdradig verhaal.

Ik vind/vond het eng als mensen mij aanraakten, ik voelde me er ongemakkelijk bij. (Dit geldt niet in de liefde). Aanraken vond ik het moeilijkst. Bijvoorbeeld bij geven van een schouderklopje. Nu weet ik dat het belangrijk is.

Nog steeds heb ik last van ongrijpbare situaties: zoals laatst toen ik geblokkeerd werd op WhatsApp. Dan voel ik me gefrustreerd en boos/kwaad. Gevoel van onmacht.

Ook ben ik gevoelig voor sfeer en stemming, dat brengt een zekere kwetsbaarheid met zich mee. Daarom heb ik behoefte aan zekerheid, vertrouwen, structuur en een vertrouwenspersoon.

Als ik in een vertrouwde omgeving ben zoals bij een concert/festival/school dan voel ik me op mijn gemak. Ik hou me graag vast aan een patroon en soms doorbreek ik dat. Ik vind het ook moeilijk om contact te onderhouden. Want de meeste vrienden wonen ver weg.

Met sommige mensen heb ik niet meteen een klik bijvoorbeeld op stage/werk. Het kan zijn door een strenge stem of door strenge mimiek. Vooral als er een bepaalde druk op mij gelegd wordt, dan ga ik dingen vermijden. Word ik angstig. Zelf ben ik iemand die het niet zo snel laat merken. Ik kan niet zo gauw over gevoelens praten of ze uiten. Vroeger kropte ik alles op en verwerkte ik het niet. Daarna volgde er boosheid en kwaadheid (woedeaanvallen) en ik uitte dat op een verkeerde manier.

Ik vond een goede manier om mij/mijn gevoelens te kunnen uiten. Ik schafte voor mezelf een kladblok aan. Schreef alles op wat in me opkwam, wat ik dacht of voelde. Dit hielp enorm.

139

Vooral 's nachts werkt dit het beste. Zo kon ik de dingen van me afschrijven. Ik begon met songteksten, gedichten, losse teksten over mijn gevoel. Gebeurtenissen of wat ik net had meegemaakt verwerkte ik in mijn teksten. Alles kwam aan bod: liefde, boosheid, angst, vriendschap, relaties, frustraties, grote teleurstellingen. Ook muziek speelt een belangrijke rol, net als het schrijven en het sporten.

Deze dingen hebben voor mij veel waarde gekregen in mijn leven. Heavy metal betekent nog steeds veel voor mij, het heeft mij door donkere periodes heen gesleept. Tot op de dag van vandaag luister ik er nog steeds naar, het voelt vertrouwd.

Dankzij het Feuerstein Instituut en de psycholoog ben ik wel een stuk opener geworden. En ik kijk anders naar mezelf dan tien jaar geleden bijvoorbeeld. Ik ben trots op het feit dat ik al veel bereikt heb, maar ik wil veel verder komen. Zoals autorijden en een eigen boek uitbrengen.

De maatschappij stelt steeds hogere eisen en verwachtingen die je moet gaan waarmaken. Er valt niet tegenop te boksen. De maatschappij wordt steeds harder/zakelijker.

Ik vind het jammer dat bepaalde mensen niet de kansen krijgen en verkeerd worden begrepen. Als ze zich anders gedragen dan anderen. Men krijgt een vertekend beeld en ze worden niet goed geholpen door instanties. Ze zijn ook bereid om je letterlijk de grond in te trappen.

Mensen met autisme hebben oog voor details. Ze zien bepaalde dingen die een 'normaal mens' niet zouden opvallen. Ze zien losse stukjes en niet één geheel, ze leggen niet of nauwelijks verband tussen de dingen.

Het lijkt net of een verhaal in stukjes is opgedeeld. Ik heb het wel geleerd bij het instituut. Om verbanden te leggen. Tussen punt A en B. En dingen te categoriseren en te classificeren.

Een boekenkast vol met boeken met vraagtekens. Elke gebeurtenis in mijn leven kreeg een ander soort betekenis, bepaalde herinneringen werden beantwoord.

Autisme is iets waar je mee moet leren leven. Het is een deel van mij geworden en desondanks ben ik nog steeds mezelf. Ook al proberen mensen dat uit hun verband te rukken. En zien ze de dingen los van elkaar, zoals karakter en beperking. Ik ben ermee geboren.

Mezelf zijn

ik werp me uit het donker
de schemer in
in het donker zag ik het licht
de schemer is dicht
ik wil niet dicht en vast
ik ben bang
bang mezelf te verliezen
mijn licht moet groter zijn
om te onderscheiden wat ik voel
niet als nevel
in de schemer zijn
maar mezelf

buiten
ik kan niet lachen
laat m'n masker thuis
huilen durf ik niet, kan ook niet
draag ik dan toch een masker?
VAST
losjes ben ik
ik voel me zo alleen

Josefien Harmsen

Na zo veel emoties in mijn gedachten

Na zo veel emoties in mijn gedachten,
Kan ik na zo lang niet meer wachten.

Hoeveel ze hier en daar ook zeggen,
Ze zullen zich erbij neer moeten leggen.

Dat ik anders ben dan hun,
en geen verschil tussen dik en dun.

Hier gaat het om meemaken, om het leven,
want die 80 jaar zijn voor maar heel even.

Niemand beseft wat het leven biedt,
Het wordt tijd dat een ander het ziet.

Zien wat er voor gevaren zijn,
Vergeet niet de dagelijkse pijn.

Genieten komt eenmaal na leren,
Dan zal je leven weer wederkeren.

Maar ik zit voor altijd in die les,
Had ik maar een leven zonder stress.

Suzanne van der Kaaij

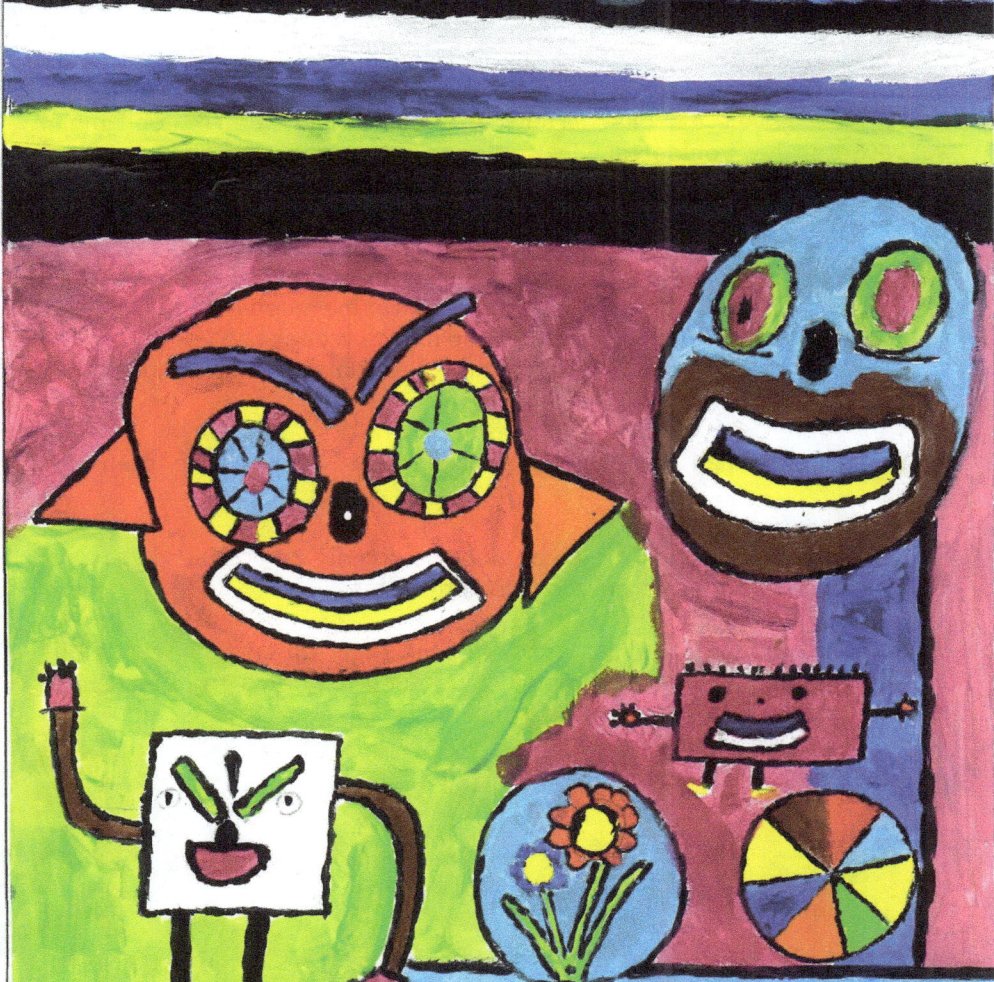

Toen ik een jaar of acht was

Suzanne van der Kaaij

Toen ik een jaar of acht was, begon het na een paar weken zeer warme temperatuur te onweren. Het was nog steeds 30 graden Celsius en ik liep in mijn T-shirt op het speelpleintje in de buurt waar ik woonde. De kinderen die daarstraks nog touwtjesprongen en aan de klimrekken hingen, waren gevlucht naar binnen. Maar ik, ik bleef staan. Ik keek omhoog naar de grauwe lucht en de eerste druppels kwamen naar beneden. Het kwam nu in bakken naar beneden en ik genoot. Het voelde als vrijheid, macht zonder iemand die me beschermt, een uniek moment dat ik nooit meer zal vergeten, het voelde volmaakt. Alles spoelde van me af en ik kon even mezelf zijn zolang ik in de regen rondjes rende langs de randen van het speelplein. Ik juichte en gilde van plezier. Dat kind zal altijd in me blijven.

Daarentegen liep ik laatst naar mijn fiets en probeerde na zo'n verschrikkelijke dag alsnog een beetje te lachen, iets wat me moeilijk afging in deze tijd. De vrijheid verliet me, de vrijheid die mij me vroeger zo veel beter liet voelen. Slechts een gevoel van opsluiting bleef hangen in de chaos in mijn hoofd waar geen einde aan kwam.

Bladeren vielen alsof ze het leven zat zijn, regen viel om ze te laten vergeten.

De laatste regendruppels vielen op door de zon die ze probeerde te breken met pure energie van de aangekomen herfst.

Elk seizoen was anders, elke maand, elk jaar. Maar dit seizoen voelde bijzonder. Dit was mijn kans om me weer dat kind te voelen en alles achter me te laten wat ik nu ben. Om weer mezelf te zijn.

Eenzaam

Je moet sterk zijn
om te overwinnen
jezelf ook zijn
dan ben ik sterk
en mezelf
maar ze lachen om me
ik moet zo huilen
sterk zijn
nee
ik mag ook weleens huilen
en zwak zijn
ik heb het hier zo koud
de verwarming doet het niet
wie houdt er van me
ik wil graag bij je zijn

Josefien Harmsen

Hallo Aarde ... (4)

Tycho Hoogstrate

Er valt mij iets op. Ik heb u al eerder geschreven dat ik het vaak moeilijk vind het grote plaatje te zien, de veelheid aan details verhult voor mij als het ware het geheel. Omdat ik dit zo moeilijk vind ben ik eigenlijk continu op zoek naar grote plaatjes. Want ... stelt u zich eens voor dat ik er één zou missen, dat kan toch niet, een blamage voor mijzelf en mijn intellect, ahum. Het gevaar van deze geobsedeerde zoektocht naar verbanden bestaat er natuurlijk uit dat je dingen denkt te zien die er gewoonweg niet zijn. Voor ik het weet begeef ik mij op het pad van de complottheorie, en dat is niet gezond. Maar zo nu en dan verschijnt er een groot plaatje dat maar niet weg wil gaan en steeds terug blijft komen. Ik word dus achtervolgd door een nogal opvallend plaatje!

Ik beleef een ongelooflijk plezier aan het bestuderen van complexe systemen. Systemen die bestaan uit kleine onderdelen die zelf hun eigen gang gaan maar tegelijk een nieuw geheel vormen. Denk hierbij aan het klimaat of een klok.

Neem bijvoorbeeld de natuur. De meeste mensen ervaren het als één geheel, een kant-en-klaar decor als het ware. Maar het decor bestaat uit een myriade van kleine deelnemers, de planten en de dieren, die invloed op elkaar en op de omgeving uitoefenen en tezamen een geheel vormen. Het bestuderen en visualiseren hoe die wisselwerking in elkaar steekt en hoe deze het uiteindelijke landschap, het decor, onze wereld beïnvloedt, dat is mijn hersengymnastiek. Maar evengoed ben ik gefascineerd door hoe in detail de afzonderlijke pixels van een foto eruitzien. Kleine dingetjes dus, kleine dingetjes die samen een nieuw groot geheel vormen. Ik wil ze snappen en begrijpen hoe vanuit die chaotische processen vanbinnen een schijnbaar goed werkend geheel ontstaat.

Er valt mij dus iets op. Ik vind dat de maatschappij, de verzameling mensen op deze planeet, zich eigenaardig gedraagt. Ik bedoel daarmee niet de mensheid of de mensen afzonderlijk, die laatste zijn natuurlijk allemaal uitzonderlijk en in beginsel eigenaardig. Ik bedoel het geheel dat ze met elkaar vormen, de samenleving, de maatschappij.

Ik zie in het gedrag van de mens als groep, als maatschappij dus, aardig wat kenmerken terug die mij en anderen autist maken!

Misschien dat de bekende meetlat van de DSM-IV-criteria[1] mijn visie wat kan verduidelijken!

Daar in het handboek staat als eerste geschreven: 'kwalitatieve tekortkomingen in sociale wisselwerking'. Zo, die is gelijk raak! Vooral tussen maatschappijen van verschillende landen is de wisselwerking nogal ver te zoeken. Gooi in deze mix nog wat godsdienstige verschillen en economische belangen en daar is een stevige basis voor een knallende kwalitatieve tekortkoming in sociale wisselwerking.

De tweede categorie is: 'kwalitatieve tekortkomingen in communicatie'. Een goede communicatie tussen maatschappijen was, is en blijft een probleem, helemaal zolang iedereen halsstarrig vasthoudt aan zijn eigen taal. Zelfs binnen een maatschappij worden dialecten zo veel mogelijk gladgestreken door bepaalde onderdelen van de taal boven andere te stellen. Een en ander neigt toch wel naar stereotiep taalgebruik.

En dan de derde categorie: 'opvallend beperkt en stereotiep gedragspatroon, interesses en gedragingen'. Vul deze zelf maar in. Hup Holland hup!

De vierde is lastig: 'vertragingen of abnormaal functioneren in ten minste een van de volgende gebieden, binnen de eerste drie levensjaren: sociale interactie, sociaal taalgebruik, imitatie- of fantasiespel'. Maar ... gezien de leeftijd van de soort homo sapiens staat de maatschappij, zoals we die nu kennen, eigenlijk nog wel in de kinderschoenen!
Kunt u mij nog volgen?

Aanvankelijk verwonderde ik mij over de overeenkomsten. Eigenlijk is het zo gek nog niet, want niets menselijks is mij vreemd, dus waarschijnlijk geldt dit andersom ook wel en is de mens niets autistisch vreemd. Wat ik mij afvraag is waarom die overeenkomst ontstaat. Speelt er in mijn hoofd een soortgelijk vraagstuk als in de maatschappij? Om de wereld vatbaar te maken moet je onderscheid kunnen maken, je hebt filters nodig zodat je niet verzandt in details. Als die filters er niet zijn dan heb je een probleem. De maatschappij moet ook veel impulsen, ongeveer net zo veel als er mensen zijn, een plekje geven. Ik denk dat de maatschappij zich op dat punt beroept op een soort autistisch gedrag om als geheel overeind te blijven. Ik ben natuurlijk geen antropoloog, psycholoog of socioloog, dus er zitten nog wel wat haken en ogen aan dit verhaal. Toch blijf ik die overeenkomsten tussen mij en de maatschappij zien.

---

1. DSM (*Diagnostic and Statistical Manual of Mental Disorders*) is de diagnose -handleiding voor de psychiatrie, thans gebruikt men versie vijf, DSM-V.

Het is natuurlijk op zijn minst wel frappant te noemen dat juist een grote groep mensen bij elkaar zich gaat gedragen als diegene die met hetzelfde gedrag als individu juist buiten de groep komt te staan! (lees die zin maar twee keer)

In 1991 ben ik gezien door het RIAGG

Lisse Lotte

In 1991 ben ik gezien door het RIAGG. Daar kon men toen niets diagnosticeren.

Vanuit het RIAGG ben ik doorverwezen naar een andere instantie. Bij die instantie heb ik dagbehandeling gehad en heb ik een school bezocht.

Mijn ouders hebben bij die instantie te horen gekregen dat ik zwakzinnig zou zijn. Toen mijn ouders dat te horen kregen, ging er een shock door hun keel. Dat raakte mijn ouders heel erg. Maar mijn moeder wist altijd al dat er iets anders mis was met mij.

Die instantie gaf mijn ouders als advies doorverwijzing naar een kinderdagverblijf ergens in Noord-Brabant.

Rond april 1992 had de instantie/instelling mij onderzocht. Ze waren erachter gekomen dat ik een grote verstandelijke ontwikkelingsachterstand heb. Ze dachten namelijk dat ik een achterstand had opgelopen van vier à vijf jaar.

Op 9 juni 1992 ben ik begonnen bij het kinderdagverblijf.

Toen ik klaar was met de basisschool ben ik naar een middelbare school gegaan ergens in Noord-Brabant. De eerste drie jaar heb ik geen leuke tijd beleefd op die school. Werd al die jaren heel veel gepest. Het was zelfs zo erg dat ze na schooltijd op mij stonden te wachten. Als ik de leraar eerlijk vertelde hoe het was gegaan, trokken ze zich daar niks van aan en ik kreeg de schuld. In die drie jaar dat ik zo veel werd gepest enzovoort zijn er dagen tussen geweest dat ik niet naar school ben gegaan. Ik durfde gewoon totaal niet meer. Bang dat ze mij iets zouden aandoen. Vooral ook tijdens de gymles. Had sowieso nooit zin in gym. Maar tijdens de gymlessen heb ik mij nooit op mijn gemak gevoeld.

Ik werd gewoon in mijn eigen klas als slaaf gebruikt. Ik moest tijdens de lessen door van verschillende mensen de tassen dragen. O wee als ik dat niet deed, dan kreeg ik allemaal dreigementen naar mij toe. En het ergste was: ik geloofde nog alles ook. Het enige wat voor mij telde was: ervoor zorgen dat ik mijn diploma haalde zodat ik eindelijk van die stomme school af kan gaan.

Uiteindelijk ben ik ook met een gemiddelde van 8,5 geslaagd. Wat was ik blij dat ik eindelijk van die school af mocht. Tijdens de diploma-uitreiking heb ik wel eventjes voor duizend mensen opgetreden. Ik heb toen een mooi liedje gespeeld op mijn panfluit.

Na mijn middelbare school heb ik nog een andere opleiding gedaan. Ik ben een opleiding gaan volgen in Eindhoven. Het eerste jaar ging wel goed, ik was met een 8,5 geslaagd. Maar het tweede jaar verliep minder goed. In dat jaar heb ik een 'trauma' achter de rug gehad. Waardoor ik mijn aandacht niet meer bij de les kon houden. De school had zelf toen al tegen mij gezegd dat ik voor een verkeerde opleiding had gekozen. Maar ik wist dat dat niet zo was, want dat jaar ervoor was ik geslaagd met een gemiddelde van een 8,5.

In het jaar daarna ben ik een andere opleiding gaan volgen in Eindhoven. Die opleiding beviel mij uitstekend, De vakken vond ik interessant en de klasgenoten vielen wel mee. Totdat ik in april 2007 ergens achter ben gekomen.

In april 2007 hebben ze mij gediagnosticeerd. Oftewel ze zijn erachter gekomen dat ik een vorm van autisme heb, namelijk PDD-NOS. Toen ik dat hoorde, kon ik het niet geloven. Ik wilde het ook niet accepteren. Het enige wat ik toen dacht en wilde was: ik wil gewoon normaal zijn en geen stomme beperking erbij hebben. Maar ja, dat is makkelijker gezegd dan gedaan. Want dat was nog niet alles. Want ze waren erachter gekomen dat ik een dubbele handicap heb. Zowel een vorm van autisme als een verstandelijk beperking. Nou, zie dat maar eens te overleven, een leven met twee beperkingen.

Uiteindelijk moesten wij op school een PowerPointpresentatie maken. Als onderwerp had ik uitgekozen: autisme. Ik had de klas verteld hoe autisme was ontstaan en hoe alles in zijn werk ging. Na de presentatie vroegen ze aan mij of ik een vorm van autisme had. Waarop ik als antwoord gaf: 'Ja, ik heb een vorm van autisme, vandaar dat ik daarover mijn PowerPointpresentatie hou.'

Mijn klas reageerde er in het begin goed op. Ze hadden alleen niks in de gaten dat ik een vorm van autisme heb. Maar dat komt aan de buitenkant merk je helemaal niks aan mij. Aan de buitenkant zie ik er gewoon uit als normale mensen. Mijn autisme zit dan ook in de binnenkant van mijn lijf.

De weken erna ging het niet goed op school. Er was iets voorgevallen tussen een klasgenootje en mij. De klas wist toentertijd al dat ik een vorm van autisme had. Even later kreeg ik de schuld van alles. Waarop heel de klas tegen mij zei: 'Je snapt er helemaal niks van en dat komt allemaal door die stomme beperkingen van jou dus we hoeven jou niet meer te hebben in de klas.' Nou, fijn om te horen.

Tijdens mijn studie kreeg ik een baan aangeboden en die heb ik aangenomen. De uren die ik daar maakte kon ik invullen als mijn stage-uren voor school. Ik was uiteindelijk twee maanden eerder klaar dan mijn eigen klas. Dus ik had twee maanden eerder vakantie. O, wat was ik blij. Wat was ik eindelijk blij dat ik van die stomme klas af ben.

Nadat ik klaar was met de studie, ben ik tijdens mijn proeftijd van het werken ontslagen. Ik had mijn baas uitgelegd wat voor een beperking ik had. Maar hij gaf er niks om en wilde niet meewerken en heeft mij toen op straat gezet.

Uiteindelijk heb ik mij aangemeld bij een re-integratiebedrijf ergens in Noord-Brabant. Dat bedrijf moest ervoor zorgen dat ik binnen twee jaar een baan had. Maar dat is wegens omstandigheden niet echt gelukt. Heb wel een paar dagen stagegelopen in een verzorgingshuis maar dat was het.

In het jaar 2008 kreeg ik een relatie met een heel lieve en leuke jongen. Met die jongen heb ik nu nog steeds een relatie.

Sinds het jaar 2009 zijn we gaan samenwonen. Het samenwonen gaat op zich wel goed. In elke relatie heb je weleens ups en downs, dus ook in deze relatie. We hebben twee honden waar we allebei heel erg gek op zijn. Tijdens het samenwonen hebben wij onze hond laten dekken. Dus we hebben al twee verschillende nestjes gehad. Wat is dat mooi om te mogen meemaken. Ik vond het een leuk en mooi moment om te zien, als een hond gaat bevallen. Maar het moeilijkste is wel als je na zeven weken afscheid moet nemen van die jonge pups. Want de eerste twee à drie weken doet moederhond alles zelf. Maar vanaf vier à vijf weken oud mag de eigenaar van het hond het zelf doen. Dat is in het begin wel even wennen. Maar na een tijdje ben je eraan gewend geraakt en dan lukt het allemaal wel.

Ik ben nog steeds heel erg blij met mijn huidige vriend. We staan altijd voor elkaar klaar als we elkaar nodig hebben. We helpen elkaar in goede en in slechte tijden. Het valt voor mijn vriend ook niet mee om samen met mij in één huis te wonen. Dat komt vooral ook door mijn beperkingen. Hij moet gewoon met heel veel dingen rekening houden en dat vraagt voor hem ook een hoop energie. Maar andersom geldt dat voor mij ook. Ik stop heel veel energie in mijn relatie en in de toekomst die ik heel graag met hem wil hebben. Mijn prins op het witte paard heb ik allang gevonden en ik kan je bij dezen vertellen: die prins op het witte paard laat ik nooit meer los.

Als ik merk dat er een meisje zit te stoken in mijn relatie. Dan kan ik echt heel erg kwaad worden en dan komen die mensen ook echt niet van mij af. Wie zit te stoken tussen mij en mijn relatie, die komt aan mij. En ik kan je vertellen ik ga dan heel ver met dingen gaan. Daar moet ik wel mee opletten want de politie die kent mij al.

Mensen moeten zich gewoon met hun eigen relatie/huwelijk bemoeien en niet met de problemen van andere mensen. Ik los mijn problemen graag met mijn vriend op, liever dan dat er andere mensen bezig zijn en dat die zich ermee gaan lopen bemoeien. Want daar heb ik echt een hekel aan. Zeker als je maar de helft van het verhaal kent.

Lisse Lotte speelt dwarsfluit en panfluit
en wil binnenkort graag haar eigen bedrijfje beginnen.

Brief aan de wereld

Namens alle mensen met een beperking, al dan niet ASS of aanverwant, wil ik een oproep doen voor meer begrip. Zelf ben ik door onbegrip mijn baan van 40 uur kwijtgeraakt. Ik ben toen vrijwilligerswerk gaan doen omdat ik niet aan een baan kwam. Ook mijn vrijwilligerswerk van 32 uur per week werd mij door het niet nemen van een kleine moeite afgenomen. De voornaamste reden was dat betrokken partijen niet met mijn begeleiding wilden spreken, in het geval van mijn baan was er nog een andere oorzaak namelijk het 'zelfdokteren', met als gevolg daarvan desastreuze gevolgen voor mij. Het bedrijf ging diverse ideeën van internet halen en die toepassen zonder zich eerst te verdiepen in wat mijn beperking voor mij betekende.

Oorzaak, voornamelijk onbegrip. Doordat mijn beperking niet direct opvalt denkt men er in tijden van voorvallen nauwelijks aan, terwijl juist dan de nood het hoogst is. Het zit 'em soms in de kleinste dingen waar we over kunnen struikelen. Klein? Ja, voor u dan, voor ons misschien wel een onoversteekbare kloof tussen de opdracht begrijpen en uitvoeren of de opdracht totaal niet kunnen vatten.

Vergeef het ons wanneer we ongevoelig lijken voor de emoties van anderen of wanneer we zelf emotieloos overkomen, we zijn diep gevoelige mensen, we kunnen ons echter soms moeilijk uiten. Het lezen van emoties in anderen is een crime, hoe moeten we dat begrijpen als we er al zo veel moeite mee hebben onze eigen gevoelens te uiten en te begrijpen? Leuk dat u ons een grap vertelt, we zouden graag lachen, maar geef ons even de tijd om de clou te vatten – als we dat al doen. Denk eraan dat velen de dingen letterlijk nemen en dus totaal aan de clou voorbij kunnen gaan. En als iets voor u 'vet cool' is vragen wij ons eerst af wat er zo koud en dik is aan wat u dus erg leuk schijnt te vinden.

Het is niet zo moeilijk, geef ons de tijd, geef ons structuur en laat ons rustig onze gang gaan tot we klaar zijn. Corrigeer ons, maar wees helder en duidelijk. Ga niet zelf voor dokter of onderzoeker spelen, maak gebruik van onze begeleiders en bovenal: doe wat u zegt en wees eerlijk. Daar helpt u ons het beste mee.

Hopende op uw begrip en uw medewerking.
Vriendelijke groeten,
R. Job Krake

Zia's face
door
Gaia van Basten

Dag en routine

Jeroen van Luiken-Bakker

Ritme en regelmaat zijn voor mij van enorm belang. Het liefste zou ik met een schema werken dat van minuut tot minuut vertelt wat ik moet doen, echter in mijn jonge jaren kwam ik er al snel achter dat wanneer je iets zo krap organiseert er ook het nodige van het schema wordt afgeweken door onverwachte omstandigheden, zoals vertraagde treinen. De laatste jaren werk ik met een schema dat grotendeels aangeeft wat ik zo al op de dag MOET doen. Alles wat ik verder zou WILLEN doen moet ik daar tussen zien te plannen. Ik zou dan ook tegenwoordig niet meer zonder een gedetailleerde agenda kunnen waarin de dag is opgedeeld in halve uren.

Ik laat u twee voorbeelden zien van hoe mijn leven is ingericht. Het eerste overzicht laat zien hoe mijn werkzame leven was in 2009. Ik werkte toen bij een niet nader te noemen bedrijf waarin qua flexibiliteit extreem veel van het personeel werd verwacht. U treft dan ook in het schema de 45,5 uur aan die ik normaal gesproken werkte in de periode van 2006 tot en met 2010. Toen ik bij deze werkgever werkte werden met regelmaat mijn te werken dagen veranderd. Dan was je op dinsdag vrij en een maand later was het de donderdag, er zat geen enkele structuur in het werkschema. Wat u niet ziet is de hoeveelheid uren die mijn werkgever me uiteindelijk liet werken. U ziet de dinsdag en de woensdag als vrije dagen, het gebeurde echter met enige regelmaat dat mijn baas mij optrommelde om extra te komen werken op die dagen. Vaak met een slap excuus van personeel ziek of personeel weet niet hoe het moet, klant vraagt specifiek naar jou en ga zo maar door. Gedienstig als ik ben ingesteld, mede door mijn autisme, heb ik altijd aan dat soort oproepen gehoor gegeven. Tot ik op een goed moment vaker naar de 55 gewerkte uren ging dan naar de 40 waar ik voor was aangenomen. In de eerste instantie gaf dat mij een goed gevoel, ik vond het werk leuk, deed het graag, en het voelde goed om eindelijk, na al die jaren van een buitenbeentje te zijn geweest, eens gewaardeerd te worden door je collega's en het beroep dat zij op mij deden kwam dan ook aan op vruchtbare grond.

Achteraf gezien had ik vaker nee moeten verkopen, ik liep me zelf compleet voorbij. Ik was zo vaak en zo veel met het werk bezig dat het me de nodige sociale contacten heeft gekost. Ik ben zelfs een aantal keer teruggekeerd van vakantie om 'de baas tevreden te houden', als u begrijpt wat ik bedoel. Op het moment zelf besefte ik nauwelijks dat ik vrienden en kennissen kwijt aan het raken was, ik kreeg er bovendien nieuwe voor terug, mijn collega's. Uiteindelijk, nadat ik in 2010 definitief deze baan was kwijtgeraakt, drong het tot me door hoeveel, van de toch al schaarse contacten, ik was kwijtgeraakt. En pas na mijn vertrek realiseerde ik me hoeveel collega's ook daadwerkelijk vrienden waren geworden. Uiteindelijk kan ik zeggen dat er één vriend uit die tijd nog steeds een goede vriend van mij is. En het verlies van mensen waarvan ik de illusie had en dacht dat het zeer goede, en misschien wel beste, vrienden van me waren kwam hard aan.

Voor ik bij deze werkgever kwam was ik altijd redelijk actief voor een ver- eniging en plots, na mijn vertrek, besefte ik dat ik al in geen jaren meer iets voor ze had gedaan. Dat kwam hard aan bij mij. Gelukkig ben ik de laatste tijd in staat om die draad weer wat op te pakken. Na mijn vertrek bij de werkgever ben ik in een depressie geraakt. Ik kon mijn koophuis niet meer betalen en geraakte in de WW. Me suf solliciteren deed mijn depressie ook geen goed, want met mijn beperking (Asperger) en met mijn cv wilde het niet lukken om een baan te vinden. Ik raakte steeds verder in de knoop, omdat WW natuurlijk niet afdoende is om de hypotheek op mijn huis te voldoen en ik ging sommige rekeningen niet betalen en andere wel. Er kwamen betalingsafspraken en uiteindelijk incasso's. Tot deurwaarders heb ik het gelukkig niet laten komen, maar ik was er erg dichtbij.

Bij het UWV zagen ze de achteruitgang in mijn situatie en ze adviseerden om met mijn beperking een Wajong aan te vragen. Ik wilde eerst niet, maar ook mijn ggz-begeleiding, die ik toen hard nodig had, vond dat ook een goede oplossing. Met grote tegenzin, maar zonder alternatief, heb ik de papieren aangevraagd en ingezonden. Na de keuring werd er afgespro- ken dat wanneer de WW zou eindigen ik dan in de Wajong zou komen. Wel werd er een start gemaakt met een re-integratietraject. In eerste instan- tie was ik zeer verheugd, maar al snel kwamen we erachter dat mijn situa- tie beter gebaat zou zijn bij een tijdelijk pauze. De pauze werd uiteindelijk ingelast nadat ik door een raam was gevallen en de nodige verwondingen aan mijn been had opgelopen. Dit is een verhaal op zich en zal niet hier verteld worden, wel wil ik erover loslaten dat het hoog oplopende ruzie betrof met een woningbouwvereniging en dat ik aan mijn verwondingen had kunnen overlijden.

Toen brak in maart 2012 de gelukzaligste dag uit de depressieve periode aan, ik kon eindelijk terecht in een huurhuis na ruim twee jaar op de wacht- lijst te hebben gestaan. Het zou nog tot augustus van dat jaar duren eer mijn woning terugverkocht werd aan de woningbouwvereniging. Dat brengt ons bij mijn tweede overzicht, het schema zoals dit nu van kracht is. Het heeft de nodige maanden geduurd voor ik het eindelijk had geschreven en voor ik er ook daadwerkelijk mee aan de slag kon gaan. Het wennen aan zo'n schema neemt ook de nodige tijd in beslag.

De overgang van werk naar geen werk heb ik nooit helemaal goed kunnen maken. Ik vulde de dag met van alles en nog wat om maar in dat ritme te blijven. Ik kon het echter niet volhouden. Je gaat dan op advies van de gespecialiseerde thuishulp verschillende dingen uitproberen en uiteindelijk kom je dan samen tot een soort van slotconclusie. Natuurlijk is dit schema niet voor eeuwig en het is ook alles behalve compleet.

Ondanks mijn beperking ben ik in staat om redelijk flexibel te zijn, dit mede dankzij mijn vorige werkgever die dergelijk dingen afdwong. Dit geldt natuurlijk niet voor alle mensen met een autistische stoornis. Voor mij voorziet dit overzicht in een repetitief ritme in een chaotische wereld. Voor veel van mijn bezigheden ben ik afhankelijk van andere mensen, dat betekent dat ik mijn schema moet kunnen (WILLEN) aanpassen aan hun wensen, maar zij zich ook aan die van mij, dat is de voorwaarde voor een goede samenwerking.

Ik werk o.a. voor een lokaal radiostation, als vrijwilliger, daar komen bepaalde werkzaamheden terug die ik wil en kan inplannen omdat ze altijd op dezelfde tijden zijn. Wat ik echter niet doe is de verschillende werkzaamheden die binnen die tijd plaatsvinden opdelen in een subschema, dit zou niet kunnen vanwege die zaken die dan zo'n schema beïnvloeden.

Ik heb natuurlijk ook zaken die niet op het schema terugkomen, dat zijn dan zaken die niet met vaste regelmaat terugkomen. Ik plan die in en om het schema in waar nodig. Vaak ben ik daarvoor afhankelijk van anderen omdat je dingen samen onderneemt. Dit is iets waar ik in den beginne, vooral als kind, een enorme hekel aan had. Zo wilde ik op school geen werkstukken schrijven met andere kinderen. Als ik het zelf deed had ik alle controle en was falen slechts een kwestie van eigen schuld. In de loop der tijd leerde ik om daar anders mee om te gaan, al is zelfs vandaag de dag samenwerken voor mij een enorme uitdaging.

U ziet op het schema staan dat mijn thuishulp tweemaal per week komt. Dat is niet helemaal waar, maar ik heb die tijden gereserveerd als mogelijke vaste perioden zodat ook daar een bepaald soort continuïteit ontstaat en voorkomen wordt dat ik andere afspraken heb staan waardoor hulp per ongeluk een week niet zou kunnen komen, en soms komt er wel tweemaal per week iemand. Het thuishulpgedeelte is eigenlijk zo opgedeeld dat er enerzijds hulp is bij de administratie en anderzijds hulp is bij het huishouden. Zij stimuleren voornamelijk het zelf doen en bieden handvaten (of is dat handvatten) waar dat nodig is. Daar waar ik het wiel niet kan uitvinden brengen zij een complete fiets. Maar ik begin af te dwalen, tijd dat we naar de schema's gaan kijken.

Onderstaand schema is een ruwe schets van mijn dagroutine van 2009.

	Maandag	Dinsdag	Woensdag	Donderdag	Vrijdag	Zaterdag	Zondag
06:00	Opstaan			Opstaan	Opstaan	Opstaan	Opstaan
07:00	Werk	Opstaan	Opstaan	Werk	Werk	Werk	Werk
07:30	Werk			Werk	Werk	Werk	Werk
08:00	Werk			Werk	Werk	Werk	Werk
08:30	Werk			Werk	Werk	Werk	Werk
09:00	Werk	Huishouden		Werk	Werk	Werk	Werk
09:30	Werk	Huishouden		Werk	Werk	Werk	Werk
10:00	Werk	Huishouden		Werk	Werk	Werk	Werk
10:30	Werk	Huishouden		Werk	Werk	Werk	Werk
11:00	Werk	Huishouden		Werk	Werk	Werk	Werk
11:30	Werk	Huishouden		Sport	Werk		
12:00	Werk	Huishouden		Sport	Werk		
12:30	Werk			Sport	Werk		
13:00	Werk	Boodschappen		Sport	Werk	Huishouden	
13:30	Werk	Boodschappen		Werk	Werk	Huishouden	
14:00	Werk	Boodschappen		Werk	Werk	Huishouden	
14:30	Werk	Boodschappen		Werk	Werk	Huishouden	
15:00	Werk			Werk	Werk	Huishouden	
15:30	Werk			Werk	Werk	Huishouden	
16:00	Werk			Werk	Werk	Huishouden	
16:30	Werk			Werk	Werk		
17:00	Werk			Werk	Werk		
17:30					Werk		
18:00	Vrijwilligerswerk			Vrijwilligerswerk	Werk	Werk	Werk
18:30	Vrijwilligerswerk			Vrijwilligerswerk		Werk	Werk
19:00	Vrijwilligerswerk			Vrijwilligerswerk		Werk	Werk
19:30	Vrijwilligerswerk			Vrijwilligerswerk		Werk	Werk
20:00	Vrijwilligerswerk			Vrijwilligerswerk		Werk	Werk
20:30	Bezoek Vriend			Bezoek Vriend		Werk	Werk
21:00	Bezoek Vriend			Bezoek Vriend		Werk	Werk
21:30	Bezoek Vriend			Bezoek Vriend		Werk	Werk
22:00	Bezoek Vriend			Bezoek Vriend		Werk	Werk
22:30	Bezoek Vriend			Bezoek Vriend		Werk	Werk
23:00						Werk	Werk
23:30						Werk	Werk
24:00							
00:30							

Onderstaand schema is een ruwe schets van mijn dagroutine van 2012. Deze (of een vervangend exemplaar) hangt op de koelkast zodat ik elke ochtend me een beeld kan vormen van mijn dag. Het zijn richtlijnen.

(1x p 2w = eenmaal per twee weken.)

	Maandag	Dinsdag	Woensdag	Donderdag	Vrijdag	Zaterdag	Zondag
06:15	Opstaan	Opstaan	Opstaan	Opstaan	Opstaan		
07:00	Medicatie	Medicatie	Medicatie	Medicatie	Medicatie		
07:30						Opstaan	Opstaan
08:00	Schoonmaak	Vrijwilligerswerk #1	Vrijwilligerswerk #1	Vrijwilligerswerk #1		Medicatie	Medicatie
08:30	Schoonmaak	Vrijwilligerswerk #1	Vrijwilligerswerk #1	Vrijwilligerswerk #1			
09:00	Schoonmaak	Vrijwilligerswerk #1	Vrijwilligerswerk #1	Vrijwilligerswerk #1	Thuishulp		
09:30	Schoonmaak	Vrijwilligerswerk #1	Vrijwilligerswerk #1	Vrijwilligerswerk #1	Thuishulp		
10:00	Schoonmaak	Vrijwilligerswerk #1	Vrijwilligerswerk #1	Vrijwilligerswerk #1	Thuishulp	Boodschappen	
10:30	Schoonmaak	Vrijwilligerswerk #1	Vrijwilligerswerk #1	Vrijwilligerswerk #1	Thuishulp	Boodschappen	
11:00	Schoonmaak	Vrijwilligerswerk #1	Vrijwilligerswerk #1	Vrijwilligerswerk #1	Thuishulp	Boodschappen	
11:30	Schoonmaak	Vrijwilligerswerk #1	Vrijwilligerswerk #1	Sport	Thuishulp	Boodschappen	
12:00	Vrijwilligerswerk #2	Werk 1x p 2w	Thuishulp	Sport	Thuishulp		
12:30	Vrijwilligerswerk #2	Werk 1x p 2w	Thuishulp	Sport			
13:00	Vrijwilligerswerk #2	Werk 1x p 2w	Thuishulp	Sport			Bezoek Vriend
13:30	Vrijwilligerswerk #2	Werk 1x p 2w	Thuishulp				Bezoek Vriend
14:00	Vrijwilligerswerk #2	Werk 1x p 2w	Thuishulp	Boodschappen			Bezoek Vriend
14:30	Vrijwilligerswerk #2	Schoonmaak	Thuishulp	Boodschappen			Bezoek Vriend
15:00	Vrijwilligerswerk #2	Schoonmaak	Thuishulp	Boodschappen			Bezoek Vriend
15:30		Schoonmaak	Thuishulp				Bezoek Vriend
16:00		Schoonmaak	Thuishulp				Bezoek Vriend
16:30		Schoonmaak	Thuishulp				Bezoek Vriend
17:00		Schoonmaak	Thuishulp				Bezoek Vriend
17:30							
18:00	Eten / Nieuwsblok	Eten / Nieuwsblok	Eten / Nieuwsblok	Eten / Nieuwsblok	Eten / Nieuwsblok	Eten / Nieuwsblok	Eten / Nieuwsblok
18:30	Eten / Nieuwsblok	Eten / Nieuwsblok	Eten / Nieuwsblok	Eten / Nieuwsblok	Eten / Nieuwsblok	Eten / Nieuwsblok	
19:00	Eten / Nieuwsblok	Eten / Nieuwsblok	Eten / Nieuwsblok	Bezoek Vriend	Eten / Nieuwsblok	Eten / Nieuwsblok	
19:30				Bezoek Vriend			
20:00				Bezoek Vriend			
20:30				Bezoek Vriend			
21:00				Bezoek Vriend			
21:30				Bezoek Vriend			
22:00				Bezoek Vriend			
22:30							
23:00	Medicatie	Medicatie	Medicatie	Medicatie	Medicatie	Medicatie	Medicatie
23:30							
24:00							
00:30							

Vol hoofd
door
Monique Luiken

Schaut mich nicht an!
Tief in euch werft euren Blick!
Nicht die anderen sind Täter – und vergiften diese Welt
Nein – ein Jeder kämpft und streitet und gestaltet dieses Leben

(Fassade -1. Satz- Lacrimosa)

Vertaling:

Kijk niet zo naar mij!
Werp uw blik diep in u!
Niet de anderen zijn dader – en vergiftigen deze wereld
Neen – eenieder kampt met strijd en geeft gestalte aan dit leven

(Fassade -1. Satz- Lacrimosa)

Hallo Aarde ... (5 en slot)

Tycho Hoogstrate

Mijn diagnose is alweer van een tijdje terug. Hij begint bij wijze van spreken al een beetje stoffig te worden en dat is goed. Het betekent dat ik hem niet te veel gebruik. Het betekent dat ik niet meer zo veel met het ego bezig ben, maar meer met de praktische dagelijkse kant. Meer focus op het omgaan met mijzelf en mijn omgeving dan het zijn van een Asperger, het zijn van de diagnose!

Kennis is macht en in dit geval is acceptatie van mezelf door mezelf te begrijpen vergelijkbaar met macht over mezelf. En ... reken maar dat ik graag de touwtjes in handen houd! In diezelfde denktrant zit ook de reden om van mijn Asperger geen geheim te maken. Het vraagstuk 'Vertel ik het wel, vertel ik het niet?' was aanvankelijk voor deze zwart-witdenker geen probleem. Natuurlijk vertel ik het. 'Geen geheimen,' roep ik altijd, 'die vormen alleen maar meer ballast.' Maar misschien heb ik daar wel iets over het hoofd gezien.

Direct na mijn diagnose stond ik toch een beetje in mijn nakie. Je hebt een stempel gekregen, je moet je nieuwe zelf met zijn mogelijkheden en onmogelijkheden accepteren en datzelfde geldt voor je omgeving. Ik was, nu zo terugkijkend, behoorlijk kwetsbaar en ook beïnvloedbaar. Die onzekerheid over mijn eigen ik maakte mij kwetsbaar. Ik werd daardoor vooral vatbaar voor een drang om te veranderen, mezelf te veranderen in een autist met goede omgangsvormen. Maar ... tegelijk bleef ik in de kern dezelfde persoon als voor de diagnose. Om in al die lagen van mijn persoonlijkheid tegelijk te gaan zitten wroeten en rommelen, dat is best een klus. Tel daarbij op mijn moeilijkheid om overzicht te verkrijgen en de neiging om in details te blijven hangen, en ... zie daar een prachtig zaaibed voor onrust en twijfel.

Mijn diagnostica (juiste term?) voorspelde al dat er met een onzichtbare handicap een probleem ontstaat voor mijn omgeving. Ze kunnen het niet zien, en wat men niet kan zien bestaat niet. Met deze gedachtegang als basis zijn overigens hele polders opgevuld met chemisch afval. Het is mild uitgedrukt een niet al te constructieve manier van denken. Na die diagnose zat ik daar dus in mijn nakie, met een open wond als ego een beetje vatbaar te zijn voor ideeën en wensen van mensen die dit voorstaande allemaal niet zagen!

De schoen wrong het meest op mijn werk. Altijd weer dat vermaledijde werk, ik kan niet wachten om met pensioen te gaan! Het leven van de werkende mens is lastig voor mij. Te slim voor de manager, te direct voor de collega's en te gepassioneerd voor het hele stel bij elkaar, maar verknocht aan het werk op zich. Het is wat als je manager zegt: 'Ik zou weleens willen dat je eens een keer niets weet van een onderwerp!' Eerst vond ik deze opmerking wel grappig, tot ik merkte dat het mij ging beperken. Ik ging mij inhouden, zelfbeknotting en geremdheid is het resultaat als zoiets gezegd wordt tegen mij, de man die in zijn nakie staat.

Als je zoals ik te direct en bijna alleen op de inhoud communiceert. Niet de subtiliteit beheerst om voor anderen de interpretatie in te vullen. Juist dan schijnt het logisch te zijn dat ik mijn manier van communiceren moet aanpassen. Hoe ze het verzinnen weet ik niet, maar het schijnt logisch te zijn dat juist diegene die onkundig en onmachtig is om de subtiliteiten van NT communicatie te vatten, 'beter' moet gaan communiceren. Vraag je aan een struisvogel ook of hij kan gaan vliegen?

Maar ... of mijn collega's nu ook gaan proberen om mij te begrijpen, zodat we elkaar ergens halverwege ontmoeten, dat is nog de vraag. Hardop wordt het niet uitgesproken, maar tussen de regels door lezen lukt mij zelden, dus ik weet hun bedoelingen niet. Ik zal het hen moeten vragen, op discrete wijze uiteraard. Het feit dat ze nu nog niet vatten dat ik hun woorden letterlijk neem, zo ook de woorden die niet uitgesproken worden ...!

Dat geeft voor mij wel aan waar het balletje ligt. Vandaar dus dat ik druk voel om mijzelf aan te passen.

Het probleem blijft dat ik in mijn diepste kern niet verander, ik kan alleen op cognitief niveau scherper en alerter zijn. En juist dat 'scherp' zijn vreet energie en wat gebeurt er als ik moe word? Juist ja, de autistische trekken worden alleen maar sterker. Het is soms een pijnlijke spagaat waarin ik zit, en ... hoe kom ik weer uit die onnatuurlijke opgerekte positie? Juist ja, daar is het weer ... communiceren! Dus heb ik na een week piekeren en denken mijzelf maar kwetsbaar en naakt opgesteld tijdens een werkoverleg en mijn kant van de situatie uitgelegd.

De confrontatie met het eigen onvermogen om ook eens op mijn manier te communiceren en mijn communicatie te begrijpen was leuk om te zien. Ze waren zelf het beste voorbeeld om te laten zien hoe moeilijk het is om op een andere manier dan je eigen te communiceren. Het hart is gelucht en de lucht is geklaard.

Ik wil geen moeilijke vent zijn. Ik wil gewoon mezelf zijn en niemand lastigvallen. Ik snap dat ik anders ben en dat ik aanpassingen moet maken. Het probleem is dat ik niet vanuit een stabiele basis deze nieuwe mens ben gaan leren kennen. Nu twee jaar later denk ik dat ik te vroeg uit de kast ben gekomen. Alles viel tegelijk in duigen — ego, relatie, werkrelaties — en ik wilde alles tegelijk weer herstellen. Het gevolg is dat ik soms ver weg ben gedreven van mijn eigen kern in de race om passend te zijn. Nu weet ik dat ik pas aan de relatie met mijn omgeving kan werken als ik mijzelf snap en heb geaccepteerd. 'Vertel ik het wel, vertel ik het niet,' dat is eigenlijk niet de juiste vraag gebleken. 'Wanneer vertel ik het,' dat was juiste vraag.

Korte biografie Jeroen van Luiken-Bakker

Op 30 mei 1981 ziet in de gemeente Velsen een klein jongetje genaamd Jeroen Bakker het levenslicht. Drieënhalf jaar later wordt er een zusje geboren en is het gezin compleet. In 1986 verhuizen de Bakkers naar Heemskerk en begint Jeroen aan zijn schooltijd, die bij tijd en wijle moeizaam verloopt. Als in 2001 dyslexie wordt geconstateerd en daarna in 2008 de diagnose Asperger (een afwijking in het autismespectrum) wordt gesteld, wordt het met terugwerkende kracht duidelijk waarom het bij Jeroen niet altijd van een leien dakje liep op school en en waarom hij soms door diepe dalen ging.

Jeroen zet echter onverdroten door en blijkt algauw, naast een brede belangstelling, over artistieke talenten te beschikken. Jeroen bekwaamt zich gestaag in het schrijven van gedichten (sinds 1996), proza en ook muziek. In 2009 levert Jeroen een, naar eigen zeggen bescheiden, bijdrage aan de totstandkoming van de Friese vertaling van *The Hobbit* (een boek van JRR Tolkien) en verder componeert hij muziek bij een aantal gedichten, waaronder een gedicht van Petrus Augustus de Génestet (Waar en Hoe) en een gedicht uit de Friese Hobbit met de mooie titel 'Wyn fan de Draak'. Na het overlijden van Star Trek-legende Leonard Nimoy componeerd hij 'Requiem for Spock'. Ten tijde van het verschijnen van zijn debuut, de bundel *Verloren uurtjes*, in 2012, werkt Jeroen onder andere op de redactie van een radio-omroep. In 2013 verschijnt de eerste druk van het boek *De wereld om met autisme*, opnieuw een uiterst origineel en ogen openend boekwerk. Begin 2014 (her)vertaalt Jeroen het Duitse balladegedicht *Lenore fuhr ums Morgenrot* van de Duitse dichter Gottfried August Bürger, met als doel daar in de toekomst een opera bij te schrijven.

Jeroen heeft zijn overige werkzaamheden de laatste tijd tot een minimum afgebouwd om zijn aandacht volledig te kunnen richten op het vertalen van de verhalen van L. Frank Baum. Er volgen ongetwijfeld nog meer pennenvruchten van de hand van Jeroen, zoals een autobiografie en een hoorspel, dus houd hem in de gaten. Het is zeker de moeite waard.

www.jeroenvanluikenbakker.nl

Frank Koning, biograaf

Woorden van dank

Laat mij aanvangen met u, de lezer, te bedanken voor de aanschaf van dit boekje. U steunt daarmee twee goede doelen, de afdeling Research and Development van het Dr. Leo Kannerhuis en de Stichting Voorzet Vakantie en Vrije tijd.

Alle Autiteurs, de deelnemers aan dit project. U weet zelf wel wie u bent. Dank voor uw fantastische bijdrage als auteur, dichter of kunstenaar. U heeft deze bundel mogelijk gemaakt.

Josefien Harmsen en Hanneke van Dijk, voor bewezen diensten.

Maneno tekstredactie, Margreet de Roo, voor je eeuwige geduld met mij en altijd welkome verbeteringen.

Dokter Leo Kannerhuis, Anneke Heijmen en Egbert Reijnen.

Stichting Voorzet Vakantie en Vrije tijd, Charles van der Lugt.

Stichting Ook voor Jou, Manon Evers en de familie Wardenaar, met diep respect voor wat jullie doen.

Heliomare, Betty van der Pol.

Nederlandse Vereniging voor Autisme, Bernadette Wijnker.

Durk Geertsma, vanaf het begin af aan voor je interesse in dit project.

Roel Koedijker, ik wil je graag bedanken voor de kans die je de eerste druk hebt gegeven.

Iedereen die op diverse fora met mij de discussie is aangegaan en mij heeft doen beseffen wat ik wel en niet wil voor en met dit project.

In de wetenschap, je doet altijd wel iemand tekort: 'Wie ik ben vergeten, gij zult dat zelf het beste weten. Neemt gij daar geen aanstoot aan en bedenk dan, hier staat uw naam.'

Persoonlijke woorden van dank:

Pap en mam, zonder wie ik allang verdronken zou zijn in de oceaan van het volwassen zijn.

Thys Jilles, meidat do, do wêze.
Jeske Eline, meidat do so moai en snoad mei wurde as prinsesse Ozma.
Sytske Emma, datsto mar in bad ass liuwinne mei wurde.

Mijn vrienden, Bob, Frank, Huub, Isabel, Jasper, Robin hartelijk dank voor jullie warme vriendschap. De laatste tijd ben ik niet echt de vriend ge- weest die ik graag had willen zijn, maar jullie weten waar dat door komt en ik ga mijn uiterste best doen dat de komende tijd dubbel en dwars goed te maken. Ik hoop dat ik ook in de toekomst jullie vriendschap waardig mag zijn.

Bob, secara khusus, saya ber̶̶̶̶ Anda banyak kreativitas dan cinta. Dat jouw dromen over Indonesië m̶̶̶̶t mogen komen, dat heeft de wereld wel verdiend. Bovendien kijk ik u̶ naar de toekomstige publicatie van je boek.

Frank, weet jij eindelijk al eens waar en wanneer de eerstvolgende Whisky bijeenkomst van het Noord-Hollands Whisky Genootschap is? Sinds mijn laatste dankwoord is dat nog niet gebeurd. Het wordt nu hoog tijd!

Huub, jouw vriendschap is me alles waard.

Isabel, het wordt er wel weer eens de tijd voor dat 'jij, Bob en ik' weer eens lekker een borreltje gaan drinken samen, het is alweer veel te lang geleden.

Jasper, dank voor je creativiteit door de jaren heen. Dat er nog maar heel wat zware metalen op ons pad mogen vallen.

Robin, dank voor wat woorden niet kunnen zeggen en zonder wie mijn we- ken saaier zouden zijn.

Al het beste allemaal,
Jeroen van Luiken-Bakker

hebban olla uogala

(tekst uit de 11de eeuw)

Jeroen Bakker

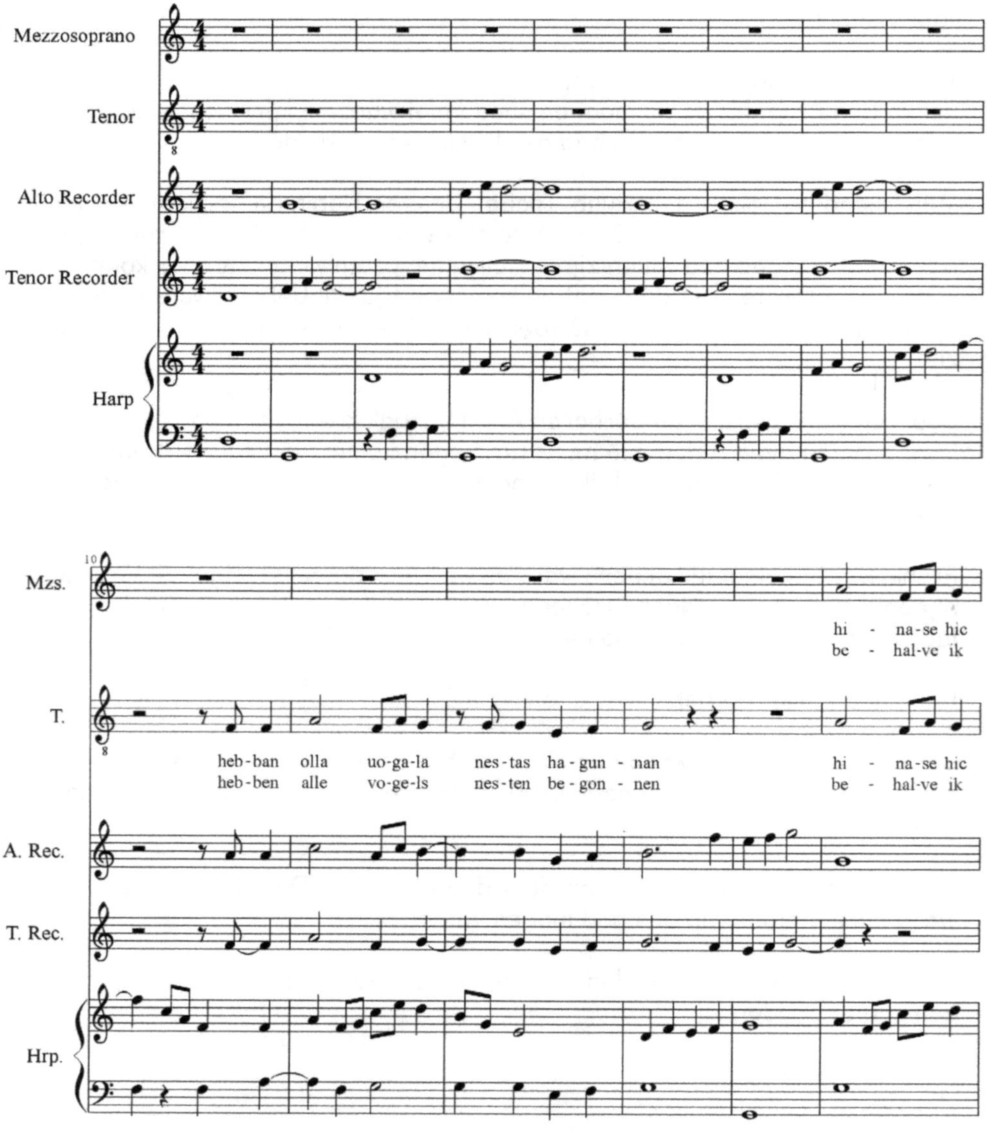

an - da   thu uuat un - bi - dan uue nu?
en jij   tot wat wa - ch - ten we nu?

an - da
en jij

Delirium

Kijk niet zo naar mij!
Zie de trein in hem
Respect
Zoals ik ben

Communicatieluiken open
Hoop op veel structuur
Wens
Het liefst al om zeuven uur

Jij en ik
Hallo aarde
Dromer
Ik kom kennismaken

Chaos in mijn hoofd
Van tak tot tak
twijfels
Mezelf zijn

Juist of toch niet?
Is dat zo?
Traan
Waar spreken stamelen wo(o)rd(t)

Het sein op half nul
Het begin voorbij
Fiets
nooit gehoord

Hopen op begrip
Bungel aan 't leven
Slang
Of toch niet?

Kijk diep in uzelf
Eindelijk thuis
Gebrugd
Het oordeel van de maker

Geschreven door *Jeroen van Luiken-Bakker* waarbij hij gebruik heeft gemaakt van kernelementen uit de in de eerste druk van dit boek gepubliceerde stukken. Het gedicht werd gebruikt ter promotie van de eerste druk.

Nawoord: Over de opbrengsten

Dat de opbrengsten van dit boek gedoneerd zouden worden aan een goed doel was van meet af aan duidelijk. Het zou ondoenlijk zijn om een administratie op te zetten om voor alle Autiteurs een royaltybeleid te maken of een fonds op richten (dan wel voor uitbetaling, dan wel als goed doel), en aangezien ik het ook zelf niet wilde opstrijken vanwege de eerlijkheid ten opzichte van de andere Autiteurs, is schenking aan een goed doel een gedegen uitkomst. Het was echter nog lang niet duidelijk welk doel dat dan zou worden. Na het overwegen van vele grote en kleine organisaties werd de keus gemaakt. Het is lastig, zo niet onmogelijk, om het iedereen naar de zin te maken, ongeacht hoe sterk die autistische neiging daartoe ook moge zijn, mede daarom werden er twee organisaties gekozen. De Stichting Voorzet Vakantie en Vrije tijd en de afdeling Research & Development van het Dr. Leo Kannerhuis zijn de gelukkigen in dezen. Het zijn twee organisaties die zich op verschillende manieren inzetten voor mensen met een ASS-diagnose, voor nu en voor in de toekomst. Wilt u meer weten over deze organisaties? Dan kunt u middels onderstaande gegevens contact zoeken.

Stichting Voorzet Vakantie en Vrije tijd

Telefoon : 023 – 75 10 5 20
E-mail : stichting@voorzet.nl
Website: www.stvvvt.com

Dr. Leo Kannerhuis

Telefoon: 026 – 33 33 0 37
E-mail: info@leokannerhuis.nl
Website: www.leokannerhuis.nl/onderzoek